HONIE

ス語がよく通じる国，地域

ス語が少し通じる国，地域

フラン　　　ム用語である
地域を含む国

Nouvelle édition
Destination Francophonie

Sachiko Komatsu
Gilles Delmaire

SURUGADAI-SHUPPANSHA

Destination francophonie

フランコフォニーへの旅

はじめに

　この教科書は次のような授業で使っていただくために作られました. 文法は他の授業で勉強している, またはすでに初級文法の学習を終了しているので, 文法事項を復習しつつ, 少し読み応えのある文章を読んでみたい. さらに実践的な練習を重ねたい. そんなクラスにぴったりなのがこの教科書です. 各課には会話文（話し言葉）と説明文（書き言葉）の読み物が用意されていますので, 2種類の文体に触れることができます. 音読を重視し, 発音のポイントを明示しています. 練習問題を通じて, 読む力と書く力をつけることができます. 巻末には文法, 語彙, 発音とフランス語圏についての資料を掲載し, とりわけ文法には自習でも使える練習問題が用意されています. 盛りだくさんの内容を, 授業時間の都合にあわせて, 柔軟に活用していただければと思います.

　この教科書の一番の特徴は, そのテーマにあります. フランコフォニー（フランス語圏）を扱った画期的な教科書であると自負しています. これまでフランス語と言えばフランスの言語と考えられ, 教科書や授業でもフランスが中心に扱われてきました. しかし, フランス語はフランスだけでなく世界各地でさまざまに話されている言語であり, それがフランス語の大きな魅力でもあります. 母語話者数だけを見るとフランス語は世界の言語のトップ10には入りません. しかし, 世界中に普及しているという事実により, 国際的に高い評価を得ている言語です. 実際, フランス語圏はヨーロッパからアフリカ, インド洋, 北・南米, カリブ海, インドシナ, 太平洋と, まさに世界中に広がっています. またフランス語は国連をはじめ多くの国際機関の公用語となっています. オリンピックなどの国際競技会でフランス語のアナウンスを耳にした方も少なくないことでしょう. この教科書はそんなフランス語について、幅広い知識と能力をつけていただくために作られました. さまざまなフランス語圏地域について知ることが, 皆さんに新しい発見をもたらしてくれることを願っています.

Bon voyage dans le monde francophone !

小松祐子
ジル・デルメール

本書の構成

各課は会話文 dialogue と読み物 lecture の2つの部分から構成されています．

会話文のページ

フランコフォニーをテーマに交わされる会話文です．日本人学生まなみとその友人たちが登場します．

文法や語彙のチェック項目が示されています．これらの項目を確認しながら，本文を読んでみましょう．
巻末資料「文法のまとめ」も参照し，さらに力をつけてください．

右ページには、文法項目と発音のポイントをあわせて学ぶための練習問題が用意されています．
また学習した文法項目や構文を使って，フランス語の文章を書くための練習問題があります．

読み物のページ

右ページには本文の理解を確かめるための練習問題があります．

フランス語圏の各地域を紹介する読み物です．
巻末資料「フランコフォニー解説」もあわせて読み，さらなる理解を図りましょう．

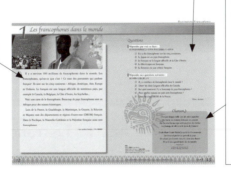

右下にはシャンソンや詩を掲載しています．フランス語圏の文化を楽しんでいただくための資料ですので，語句の意味をすべて理解する必要はありません．
これらの文化資料についての解説や音声・動画の入手方法などはwebページに掲載しています．

本書の後半には豊富な学習資料を掲載していますので，ぜひご活用ください．
❶ 文法のまとめ　　❷ 語彙・表現のまとめ　　❸ つづりと発音のまとめ
❹ フランコフォニー解説　　❺ フランス語動詞の活用

この教科書の補助資料は以下のwebページに公開しています．
http://www.e-surugadai.com/francophonie/

● 本書の音声は駿河台出版社ホームページ下記サイトから無料でダウンロードできます．
● 検索で日本語書名を入れ検索するか，下記 URL を入力して音声をダウンロードしてください．

http://www.e-surugadai.com/books/isbn978-4-411-00927-2

Table des matières（目次）

Leçon	Dialogue（会話文）	page	Lecture（読み物）	page	
0	クイズ、アルファベ、つづりと発音、リズムとイントネーション		6		
1	Des villes francophones	10	Les francophones dans le monde	12	
2	Nous sommes étudiants	14	Les langues de France	16	
3	Elle travaille beaucoup !	18	Le français en Europe	20	
4	Qu'est-ce qu'on fait ce week-end ?	22	Le français en Amérique du Nord	24	
5	Quel pays francophone visiter ?	26	Le français dans les Caraïbes	28	
6	Un week-end à Bruxelles	30	Le français au Maghreb	32	
7	Les grandes vacances	34	Le français en Afrique noire	36	
8	Je n'habitais pas en France	38	Le français en Asie du Sud-Est	40	
9	J'irai dans un pays africain	42	Le français dans le Pacifique	44	
10	Les voyages forment la jeunesse	46	Les institutions de la Francophonie	48	

資料
文法のまとめ…50
語彙・表現のまとめ…66
つづりと発音…70
フランコフォニー解説…74

Grammaire（文法）　※文法の内容は p.50 の「文法のまとめ」にあります　　page

●名詞の性と数　　●不定冠詞・定冠詞 ●C'est～の文と Ce sont～の文　　●Voici と Voilà ●よく使う疑問詞　　●よく使う前置詞	**50**
●主語人称代名詞　　●être の活用（直説法現在） ●avoir の活用（直説法現在）　　●形容詞　　●人称代名詞の強勢形	**51**
●-er 動詞（第 1 群規則動詞）の活用（直説法現在）　　●命令法 ●疑問文の作り方　　●否定文の作り方　　●所有形容詞	**53**
●-ir 動詞（第 2 群規則動詞）の活用（直説法現在） ●不規則動詞 aller, venir, faire, sortir, voir, lire の活用（直説法現在） ●部分冠詞　　●前置詞と定冠詞の縮約　　●指示形容詞 ●近接未来　　●近接過去	**54**
●不規則動詞 pouvoir, vouloir の活用（直説法現在） ●比較級　　●特殊な比較級　　●最上級	**57**
●代名動詞の活用（直説法現在） ●不規則動詞 devoir の活用（直説法現在） ●Il faut ＋動詞の不定法 ●直接補語人称代名詞　　●間接補語人称代名詞	**58**
●直説法複合過去　　●動詞の過去分詞形 ●受動態　　●否定のヴァリエーション	**60**
●直説法半過去　　●使役動詞 faire と放任動詞 laisser ●関係代名詞	**61**
●直説法単純未来　　●ジェロンディフ ●現在分詞　　●中性代名詞 y, en, le	**62**
●条件法　　●未来についての仮定と現在の事実に反する仮定 ●接続法　　●感嘆文	**64**

Leçon 0

☐ クイズ

フランス語圏について知っていますか？ クイズに答えてみましょう．

1. フランス語を公用語とする国の数はいくつ？
   A. 15ヵ国くらい　　B. 30ヵ国くらい　　C. 45ヵ国くらい　　D. 60ヵ国くらい

2. 次のなかでフランス語圏の都市はどこでしょう？
   A. アテネ　　　　　B. バルセロナ　　　C. シドニー　　　　D. モントリオール

3. 次のなかでフランス語を公用語としている国は，どこですか？
   A. オーストリア　　B. ルワンダ　　　　C. ルーマニア　　　D. エチオピア

4. 次のなかでフランス語を公用語としていない国は，どこですか？
   A. カナダ　　　　　B. チュニジア　　　C. ルクセンブルク　D. コートジボワール

5. フランス語が話されていない島は，次のうちどれでしょう？
   A. コルシカ　　　　B. タヒチ　　　　　C. ニューカレドニア　　　D. サイパン

6. 次のフランス人ノーベル文学賞受賞者のうち，アルジェリア生まれの作家は誰でしょう？
   A. アナトール・フランス　　　　　　B. アルベール・カミュ
   C. クロード・シモン　　　　　　　　D. ジャン＝マリ・ギュスターヴ・ル・クレジオ

7. 日本でも人気の高い芸術的エンターテインメント集団「シルク・ドゥ・ソレイユ」はどこで生まれたでしょう？
   A. ケベック　　　　　　　　　　　　B. タヒチ
   C. ベルギー　　　　　　　　　　　　D. モナコ

世界の言語 母語話者数		
1位	中国語	10億
2位	英語	3億5,000万
3位	スペイン語	2億5,000万
4位	ヒンディー語	2億
5位	アラビア語	1億5,000万
6位	ベンガル語	1億5,000万
7位	ロシア語	1億5,000万
8位	ポルトガル語	1億3,500万
9位	日本語	1億2,000万
10位	ドイツ語	1億
11位	フランス語	7,000万
12位	パンジャーブ語	7,000万

世界の言語 公用語話者数		
1位	英語	14億
2位	中国語	10億
3位	ヒンディー語	7億
4位	スペイン語	2億8,000万
5位	ロシア語	2億7,000万
6位	フランス語	2億2,000万
7位	アラビア語	1億7,000万
8位	ポルトガル語	1億6,000万
9位	マレー語	1億6,000万
10位	ベンガル語	1億5,000万
11位	日本語	1億2,000万
12位	ドイツ語	1億

『言語学百科事典』大修館

Destination Francophonie

☐ Alphabet

A a	[ɑ]	H h	[aʃ]	O o	[o]	V v	[ve]
B b	[be]	I i	[i]	P p	[pe]	W w	[dubləve]
C c	[se]	J j	[ʒi]	Q q	[ky]	X x	[iks]
D d	[de]	K k	[ka]	R r	[ɛːR]	Y y	[igRɛk]
E e	[ə]	L l	[ɛl]	S s	[ɛs]	Z z	[zɛd]
F f	[ɛf]	M m	[ɛm]	T t	[te]		
G g	[ʒe]	N n	[ɛn]	U u	[y]		

● 次の文字の発音にとくに気をつけましょう.
　I と E ／ G と J ／ R（のどを震わせる）／ U（口を突き出す）

● フランス人の名前：CD を聞きフランス人の名前を書き取りましょう.
　1) _____　2) _____　3) _____
　4) _____　5) _____

● 自分の名前のアルファベをフランス語で言いましょう.

☐ つづり字記号

´	アクサン・テギュ	accent aigu	é
`	アクサン・グラーヴ	accent grave	à　è　ù
^	アクサン・シルコンフレックス	accent circonflexe	â　ê　î　ô　û
¨	トレマ	tréma	ë　ï　ü
¸	セディーユ	cédille	ç
'	アポストロフ	apostrophe	
-	トレ・デュニヨン	trait d'union	

Leçon 0 | 7

つづりと発音

- Bonjour ! Comment allez-vous ?
- Je vais bien, merci. Et vous ?
- Moi aussi, je vais très bien.

- Salut ! Je m'appelle Antoine. Enchanté !

- CDを聞いてみましょう．
- 次のつづり字を含む語を書き出しましょう．

    ai （　　　　　　　　　　　　）
    au （　　　　　　　　　　　　）
    ou （　　　　　　　　　　　　）
    an （　　　　　　　　　　　　）
    en （　　　　　　　　　　　　）
    ien （　　　　　　　　　　　　）
    oi （　　　　　　　　　　　　）
    ch （　　　　　　　　　　　　）

発音のポイント1
つづりと発音 　フランス語のつづり字には一定の読み方の規則があります

発音のポイント2
語末の子音字 　単語の最後の子音字は原則として読みません．ただしc, r, f, lは語末でも発音されることが多いです．

発音のポイント3
語末のe 　単語の最後のeは読みません．エと読まないように気をつけましょう！

- 次の単語はどう読みますか．

    vous, très, et / bonjour /
    Je, Antoine

- 日本でもよく見かけるフランス語です．読んでみましょう．

    1) gourmet　　2) croissant　　3) grand prix　　4) café au lait
    5) camembert　6) ensemble　　7) Champagne　　8) beaujolais nouveau
    9) eau de toilette　10) Cirque du Soleil

※つづり字の読み方の規則は巻末資料p.70-73にまとめられていますので，今後必要に応じて参照してください．

☐ フランス語のリズムとイントネーション

● 会話でよく使う表現です．聞いてみましょう．
- ✓ どこを強く読みますか？ 強く読むところに下線を引きましょう．
- ✓ 何拍で読みますか(何音節ありますか)？ [ ]に音節数を書きましょう．
- ✓ 上手に発音できるまで練習しましょう．

1) Bonsoir　　　　　[　]　　6) Au revoir　　　[　]
2) Merci　　　　　　[　]　　7) À bientôt　　　[　]
3) Pardon　　　　　 [　]　　8) Excusez-moi　　[　]
4) S'il vous plaît　[　]　　9) Très bien　　　[　]
5) Voilà　　　　　　[　]　　10) Mademoiselle　[　]

● 上がり下がり（イントネーション）に気をつけて真似して言ってみましょう．
1) - D'accord ? - D'accord.
2) - Ça va ? - Ça va.
3) - Tu vas bien ? - Je vais bien.

● 次の文を読むとき，どこが上がりどこが下がるかをチェックしましょう．

Il m'aime, un peu, beaucoup, à la folie, pas du tout.

発音のポイント 4

アクセント（強勢）
フランス語の単語には固有のアクセントはありません．リズムグループの最後の音節に強勢がきます．また，フランス語の強勢は高低アクセントではなく，強弱のアクセントです．最後の音節を少し伸ばし加減に力を入れて発音します．

発音のポイント 5

音節
日本語のように母音をつけすぎないように，拍数を確認して発音しましょう．
ex) madame はマダム（3拍）ではなく [ma-dam] 2拍

発音のポイント 6

イントネーション
上がり調子と下がり調子のイントネーションの違いを区別しましょう．尋ねるときには上がり調子，答えるときには下がり調子になります．
イントネーションは文末のみで下がるようにします．文の途中で息継ぎをする場合には，上がり調子を保ちます．

Il m'aime...
Un peu...
Beaucoup...
À la folie...
Pas du tout...

Leçon 1 Dialogue
Des villes francophones

Thomas : Voici une photo de Paris.
Manami : Oui, c'est la Seine et la tour Eiffel.

Thomas : Voilà Tunis.
Manami : Il y a une avenue. Et il y a des gens sur l'avenue.
Thomas : C'est l'avenue Bourguiba.

Thomas : Et ça, c'est la ville de Québec.
Manami : Qu'est-ce que c'est ?
Thomas : C'est le Château Frontenac. C'est un grand hôtel.

Thomas : Voilà Notre-Dame de la Paix. C'est une grande église.
Manami : C'est où ?
Thomas : C'est à Yamoussoukro, en Côte d'Ivoire.
Manami : Il y a beaucoup de maisons sur l'image.

Thomas : Ce sont des villes francophones.

■ 基本構文　(p.50 参照)

Voici 〜. 　こちらは〜です　ここに〜があります
Voilà 〜. 　あちらは〜です　あちらに〜があります
C'est 〜. 　これ（それ・あれ）は〜です
Ce sont 〜. 　これら（それら・あれら）は〜です
Il y a 〜. 　〜があります

■ 基本文法　名詞の性と数, 冠詞, 形容詞 (pp.50,52 参照)

■ 基本語彙　(p.68, 5-1 参照)

名詞グループの発音

名詞グループをまとめて読む練習をしましょう．
CDを聞き，つなげて発音する部分（リエゾン，アンシェヌマン）に印をつけましょう．

例）リエゾン un ami, des amis　アンシェヌマン une amie

● 冠詞と名詞（母音ではじまる名詞）

1) un animal, un étudiant, un hôpital, un enfant

2) une école, une orange, une image, une usine

3) des hôtels, des idées, des amis, des exercices

4) l'homme, l'amour, l'Europe, l'Inde

5) les avenues, les Italiens, les Américains, les églises

● 前置形容詞と名詞

un grand arbre, le petit garçon, la bonne cuisine

● 名詞と後置形容詞

un artiste célèbre, un document important

● 前置詞と名詞

dans un restaurant, dans les universités

sur un pont, sur les images

● A de B （BのA）

un tableau de Picasso, la terrasse d'un café, la mère de Sophie

発音のポイント7

名詞グループの発音

名詞グループ内では単語どうしの結びつきが強いので，途中で切らず，ひとまとめに読むようにしましょう．母音で始まる語にはリエゾン・アンシェヌマンが起こります．
ただし名詞と後置形容詞のあいだはリエゾンしません．

フランス語にしましょう．

1) ここに1軒の家があります．

2) それはDupuitさんの家です．

3) 家の中に2人の男の子がいます．

4) それはDupuitさんの子供たちです．

1 Les francophones dans le monde

Il y a environ 300 millions de francophones dans le monde. Les francophones, qu'est-ce que c'est ? Ce sont des personnes qui parlent français*. Ils sont sur les cinq continents : Afrique, Amérique, Asie, Europe et Océanie. Le français est une langue officielle de nombreux pays, par exemple le Canada, la Belgique, la Côte d'Ivoire, les Seychelles…

Voici une carte de la francophonie. Beaucoup de pays francophones sont en Afrique pour des raisons historiques.

Loin de la France, la Guadeloupe, la Martinique, la Guyane, la Réunion et Mayotte sont des départements et régions d'outre-mer (DROM) français. Dans le Pacifique, la Nouvelle-Calédonie et la Polynésie française aussi sont francophones.

* qui parlent français : フランス語を話す

Questions

Répondez par vrai ou faux :

以下の文の内容は正しいですか，それとも間違っていますか.

1) Il y a des francophones sur les cinq continents.
2) Le Japon est un pays francophone.
3) Le français est la langue officielle de la Côte d'Ivoire.
4) La Martinique est française.
5) La Réunion est une colonie française.

Répondez aux questions suivantes :

以下の問いに答えましょう.

1) Il y a combien de francophones dans le monde ?
2) Dites* les deux langues officielles du Canada.
3) Sur quel continent il y a beaucoup de pays francophones ?
4) Pour quelles raisons ces pays sont francophones ?
5) Dites les cinq DROM de la France.

*Dites : 言いなさい

Chanson♪

C'est une langue belle avec des mots superbes
Qui porte son histoire à travers ses accents
Où l'on sent la musique et le parfum des herbes
Le fromage de chèvre et le pain de froment

Et du Mont-Saint-Michel jusqu'à la Contrescarpe
En écoutant parler les gens de ce pays
On dirait que le vent s'est pris dans une harpe
Et qu'il en a gardé toutes les harmonies

Yves Duteil

La langue de chez nous (extrait)
Paroles et Musique: Yves Duteil

写真
〈左上〉辞書 (*Le Petit Robert*)
〈右上〉フランコフォニー地図と男性
〈左下〉グアドループの子供たち（カーニバル）
〈中下〉ベルギーの人々（カーニバル）

©1985 by LES EDITIONS DE L'ECRITOIRE Right for Japan controlled by INFINI SARL, Tokyo

Leçon 2 Dialogue
Nous sommes étudiants

Raphaël : Bonjour ! Moi, c'est Raphaël. Je suis français de Martinique. Et toi ?
Manami : Je m'appelle Manami Kawasaki. Je suis japonaise. Je suis de Tokyo.
Raphaël : Tu es étudiante ?
Manami : Oui, je suis étudiante. Et toi ?
Raphaël : Moi aussi, je suis étudiant. J'ai 21 ans.

Manami : Qui est-ce ?
Raphaël : Lui, c'est Yannick Noah, un ancien joueur de tennis. Il est maintenant chanteur et très populaire en France.
Manami : Il est beau. Il est français ?
Raphaël : Il est franco-camerounais. Il a un père camerounais et une mère française.
Manami : Il est jeune ?
Raphaël : Non, il a 58 ans. Il a cinq enfants.

■ 基本構文

être を使った文
職業・国籍を言う　Je suis étudiant(e). / Tu es japonais(e).
特徴を言う　　　　Elle est petite et jolie.
居場所を言う　　　Il est à Paris. / Ils sont dans le salon.
出身地を言う　　　Je suis de Lyon.

avoir を使った文
持ち物を言う　　　Nous avons deux voitures.
家族構成を話す　　J'ai un frère.
年齢を言う　　　　Il a 18 ans.

■ 基本文法　　主語人称代名詞, être と avoir, 人称代名詞の強勢形 (pp.51-52 参照)

■ 基本語彙　　(pp.68-69, 5-2, 5-3, 5-4, 6-1, 6-2 参照)

■ 数の言い方　　(p.66, 1 参照)

14　写真　ヤニック・ノア

主語と動詞の発音

発音を比べてみましょう．リエゾンやアンシェヌマンの場所に印をつけましょう．
文の意味を考えてみましょう．

1) Laurent est médecin.
   Il est médecin.
2) Paul et Marie sont heureux.
   Ils sont heureux.
3) Agnès a une grande maison à Cannes.
   Elle a une grande maison à Cannes.
4) Les parents d'Agnès ont un appartement à Bruxelles.
   Ils ont un appartement à Bruxelles.
5) L'appartement a trois pièces.
   Il a trois pièces.

発音のポイント 8

主語と動詞

主語が普通名詞または固有名詞の文では，主語と動詞のあいだを区切ることができます．主語と動詞のあいだのリエゾンは禁止です．

主語が代名詞の文では，主語と動詞のあいだを区切ることはできません．母音ではじまる動詞の前では必ずリエゾン，アンシェヌマンが起こります．

接続詞の発音 (et と mais)

発音を聴いてみましょう．どこでリエゾンしますか？印をつけましょう．

1) Paris et Avignon / Pascal et Isabelle
   Nous avons un appartement et une maison.
   Il est grand et il est beau.
2) Elle est riche mais elle est malheureuse.
   C'est difficile mais intéressant.

発音のポイント 9

接続詞 et と mais

接続詞 et の後のリエゾンは禁止です．

mais の後ではリエゾンはしてもしなくてもかまいません．

フランス語にしましょう．

1) 私はジュリアン(Julien)の友達です．
2) ジュリアンはフランス人ですが，今は大阪にいます．
3) 彼には日本人の友人が沢山います．
4) とてもハンサムで愉快な人です．

フランス語で自己紹介しましょう．

2 Les langues de France

La France a une seule langue officielle. Dans l'article 2 de la Constitution, il y a la phrase : « La langue de la République est le français ». C'est une langue d'origine latine.

« La langue de Molière » a une grande tradition littéraire. Molière est un célèbre homme de théâtre de l'époque classique. Beaucoup de petits Français apprennent* à l'école les *Fables* de La Fontaine. C'est un modèle de beau texte français en rime. Depuis le XVIIe siècle et aujourd'hui encore, l'Académie française a la charge des travaux d'aménagement linguistique.

Mais selon les régions, les gens ont des accents différents. Les Marseillais n'ont pas la même** prononciation que les Parisiens. Il y a aussi des langues régionales, par exemple le breton, l'alsacien ou le corse. Elles sont très différentes du français. Les immigrés ont encore d'autres langues comme l'arabe ou le portugais. Les langues de France sont donc très variées !

* apprennent : 学ぶ
** même~que... : …と同じ~

Destination Francophonie

Questions

Répondez par vrai ou faux :
以下の文の内容は正しいですか，それとも間違っていますか．

1) Le français est une des langues officielles de la France.
2) Le statut du français est dans la Constitution.
3) Le français est « la langue de Molière ».
4) En France, il n'y a pas d'autres langues que le français.
5) Il y a différentes prononciations du français en France.

Répondez aux questions suivantes :
以下の問いに答えましょう．

1) Dans quel article de la Constitution française parle-t-on du français ?
2) De quelle origine est le français ?
3) Qu'est-ce que beaucoup de petits Français apprennent à l'école ?
4) Quel est le travail de l'Académie française ?
5) Citez deux langues régionales de France.

Fable ♪

La Cigale, ayant chanté
Tout l'été,
Se trouva fort dépourvue
Quand la bise fut venue :
Pas un seul petit morceau
De mouche ou de vermisseau.
Elle alla crier famine
Chez la Fourmi sa voisine,
La priant de lui prêter
Quelque grain pour subsister
Jusqu'à la saison nouvelle.
« Je vous paierai, lui dit-elle,
Avant l'oût, foi d'animal,
Intérêt et principal. »
La Fourmi n'est pas prêteuse :
C'est là son moindre défaut.
« Que faisiez-vous au temps chaud ? »
Dit-elle à cette emprunteuse.
— Nuit et jour à tout venant
Je chantais, ne vous déplaise.
— Vous chantiez ? j'en suis fort aise.
Eh bien ! dansez maintenant.

Jean de La Fontaine
La cigale et la fourmi
Fable I, Livre I.

写真
〈左〉フランス学士院（アカデミーフランセーズ）
〈中上〉モリエール（17世紀 演劇人）
〈右上〉ラ・フォンテーヌの寓話「セミとアリ」挿絵
〈右下〉フランスの小学生

Leçon 2 | 17

Leçon 3 Dialogue
Elle travaille beaucoup !

Raphaël : Tu parles bien français. Tu étudies le français ?
Manami : Oui, je travaille beaucoup parce que mon rêve, c'est de voyager dans des pays francophones.
Raphaël : C'est magnifique ! Bon courage et travaille bien !

Raphaël : Tu habites où ?
Manami : J'habite dans la banlieue ouest de Tokyo avec mes parents.
Raphaël : Tu aimes ton quartier ?
Manami : Oui, c'est sympa mais ce n'est pas très pratique parce que c'est loin de la fac.

Raphaël : Qu'est-ce que tu aimes ?
Manami : J'aime le cinéma japonais et la musique africaine.

■ 基本構文

勉強していることを言う	J'étudie le français.
住んでいるところを言う	Elle habite à Monaco.
好きなものを言う	Vous aimez la musique ?
理由を言う	parce que〜

■ 基本文法 （pp.53 参照）
　-er動詞
　疑問文・否定文
　所有形容詞

■ 基本語彙 （pp.68-69, 5-5, 5-6, 7-1 参照）

18 　写真　女子学生（アンスティチュ・フランセ東京）

Destination Francophonie

◻ 主語と動詞の発音

🎧㉒ どちらの文が読まれましたか？ CDを聞き，読まれたほうにチェックをしてください．

1) Il aime le sport. (　)
   Ils aiment le sport. (　)
2) Il arrive à une heure. (　)
   Ils arrivent à une heure. (　)
3) Il écoute de la musique classique. (　)
   Ils écoutent de la musique classique. (　)
4) Elle entre dans la salle de classe. (　)
   Elles entrent dans la salle de classe. (　)
5) Elle habite dans une grande maison à la campagne. (　)
   Elles habitent dans une grande maison à la campagne. (　)
6) Elle étudie la littérature française à l'université. (　)
   Elles étudient la littérature française à l'université. (　)

> **発音のポイント10**
> -er動詞の3人称複数の活用語尾-entは発音しません．

> **発音のポイント11**
> 3人称複数の人称代名詞ils, ellesのsは次に母音で始まる動詞が来ると必ずリエゾンします．

フランス語にしましょう．

1) ニコラ(Nicolas)は友達が大好きです．

2) 彼らはあまり勉強しません．

3) フィリップ(Philippe)は日本文学を勉強していて京都に住んでいます．

4) 彼のお母さんはフランス人なので，彼はフランス語を上手に話します．

フランス語で答えましょう．

1) Qu'est-ce que vous étudiez ?

2) Vous habitez où ?

3) Qu'est-ce que vous aimez ?

Leçon 3 | 19

3 Le français en Europe

En Europe, on parle français en France mais aussi en Belgique, au Luxembourg, en Suisse, à Monaco et en Andorre. La langue est parfois un peu différente. Par exemple, en Belgique et en Suisse, on dit* septante et nonante au lieu de soixante-dix et quatre-vingt-dix en France.

Regardons la Belgique. 40% des Belges parlent français, 60% flamand (néerlandais) et moins de** 1% allemand. Il y a beaucoup de Belges très célèbres. Hergé est le père de Tintin, le héros de bande dessinée. Beaucoup de gens écoutent les chansons de Jacques Brel et aiment les romans de Georges Simenon ou d'Amélie Nothomb.

Aimez-vous le chocolat ? Neuhaus et Godiva sont des chocolatiers belges très connus. Ils exportent dans le monde entier. On aime aussi les bières belges, nombreuses et variées, par exemple la bière blanche Hoegaarden ou la Kriek à la cerise ou à la framboise.

* dit : 言う(>dire)
** moins de~ : ～未満

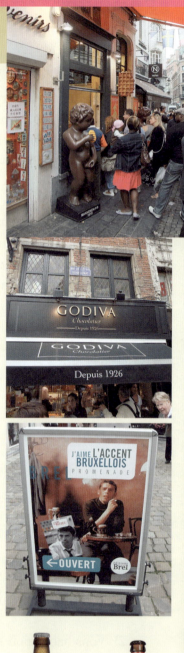

Questions

Répondez par vrai ou faux :

以下の文の内容は正しいですか，それとも間違っていますか．

1) Il y a des différences entre le français de France et le français de Belgique.
2) Tous les Belges parlent français.
3) Tintin est français.
4) Godiva est une marque de bière.
5) Il y a beaucoup de sortes de bières en Belgique.

Répondez aux questions suivantes :

以下の問いに答えましょう．

1) Il y a combien de pays francophones en Europe ?
2) Comment dit-on 70 en Suisse ?
3) Quel pourcentage des Belges parlent français ?
4) Qui est Hergé ?
5) Où exportent Neuhaus et Godiva ?

Chanson ♪

Ne me quitte pas
Il faut oublier
Tout peut s'oublier
Qui s'enfuit déjà
Oublier le temps
Des malentendus
Et le temps perdu
A savoir comment
Oublier ces heures
Qui tuaient parfois
A coups de pourquoi
Le cœur du bonheur
Ne me quitte pas
Ne me quitte pas
Ne me quitte pas
Ne me quitte pas

Jacques Brel

Ne me quitte pas (extrait)
Paroles et Musique: Jacques Brel

写真
〈右1〉ブリュッセルの街角
〈右2〉GODIVAショップ（ブリュッセル）
〈右3〉ジャック・ブレル記念館（ブリュッセル）の看板
〈右4〉ビール（Hoegaarden），ビール（Kriek）

Leçon 4 Dialogue
Qu'est-ce qu'on fait ce week-end ?

Raphaël : Qu'est-ce que tu fais le week-end ?
Manami : Je fais beaucoup de choses. Je vois souvent mes amis. Je sors avec eux. Nous allons au cinéma, nous prenons un café ensemble. Et quand il fait beau, nous faisons du tennis. C'est très agréable.

Raphaël : C'est très bien. Et quand il pleut, que fais-tu ?
Manami : Je lis des livres. Comme je viens d'acheter un nouvel ordinateur, je joue beaucoup sur Internet. De temps en temps, je fais la cuisine. C'est amusant de faire la cuisine...

Raphaël : Et ce week-end, qu'est-ce que tu vas faire ?
Manami : Le 3 juillet, c'est mon anniversaire ! Il y a un grand repas de famille. Mes grands-parents vont venir à la maison.

■ 基本文法 1 （pp.54-55 参照）
　不規則な活用をする動詞（直説法現在）
　　本文のなかにでてくる動詞に○をつけましょう.
　　　aller （　　） avoir （　　） être （　　） faire （　　） lire （　　）
　　　prendre（　　） sortir （　　） venir （　　） voir （　　）

■ 基本文法 2 （p.55 参照）
　近接未来　aller＋動詞の不定法　　Je vais prendre mes vacances.
　近接過去　venir de＋動詞の不定法　Je viens de finir mon travail.

■ 基本構文 1
　天候の表現（非人称のil）
　　Il fait beau.　Il fait mauvais.　Il fait chaud.　Il fait froid.　Il pleut.　Il neige.
　　Il y a du vent. Il y a des nuages.

■ 基本構文 2
　C'est＋形容詞＋de＋動詞の不定法　　～するのは…だ.
　　C'est intéressant de lire un roman français.

■ 基本語彙 （p.69, 6-3 参照）
■ 日付, 月の言い方 （p.67, 2 参照）

Destination Francophonie

■ 不規則動詞の活用：３人称単数形と３人称複数形の発音

どちらの文が読まれましたか？ CD を聞き，読まれたほうにチェックをしてください．

1) Elle vient du Canada. (　　)
   Elles viennent du Canada. (　　)
2) Il prend le métro pour aller à la fac. (　　)
   Ils prennent le métro pour aller à la fac. (　　)
3) Elle réussit toujours. (　　)
   Elles réussissent toujours. (　　)
4) Il lit un roman de Victor Hugo. (　　)
   Ils lisent un roman de Victor Hugo (　　)
5) Elle sort tous les week-ends. (　　)
   Elles sortent tous les week-ends. (　　)
6) Il va au musée ce week-end. (　　)
   Ils vont au musée ce week-end. (　　)

■ C'est＋形容詞＋de＋動詞の不定法

次の単語を使って，「～するのは…だ」という文章を作りましょう．

amusant	aller au cinéma
intéressant	apprendre le français
difficile	faire du sport
facile	faire des devoirs
fatigant	faire la cuisine
ennuyeux	lire des mangas
important	travailler beaucoup

フランス語にしましょう．

1) 今夜私は友達とレストランに行きます．

2) 今日は天気がよいので，テニスをします．

3) 彼は先生に会ったばかりです．

4) とても暑い時には，外に出るのがつらい．

フランス語で答えましょう。

En général, qu'est-ce que vous faites le week-end ?

Leçon 4 | 23

4 Le français en Amérique du Nord

Nous allons maintenant en Amérique du Nord. Il y a des francophones au Canada, par exemple au Québec ou au Nouveau-Brunswick. Aux États-Unis, il y a des communautés francophones en Louisiane.

Parlons un peu du Québec. Les Québécois sont les descendants des colons français. Ils viennent en « Nouvelle France » au XVIIe siècle. C'est une région francophone entourée par le monde anglophone. C'est pourquoi les Québécois font très attention au français. Ils ont des lois pour protéger leur langue. Par exemple, la « loi 101 » oblige à utiliser le français pour les affichages.

Au Québec, en hiver, il fait très froid et il neige beaucoup. On fait des sports d'hiver comme le ski, le patinage, le hockey sur glace… Vers le mois d'avril, on récolte le sirop d'érable. C'est le symbole du passage de l'hiver au printemps.

Céline Dion est une chanteuse originaire de la région de Montréal. Elle est bilingue et chante en français et en anglais. Le « Cirque du Soleil » aussi vient du Québec.

Destination Francophonie

Questions

Répondez par vrai ou faux :

以下の文の内容は正しいですか,それとも間違っていますか.

1) On ne parle pas français aux États-Unis.
2) Au Québec, toutes les affiches sont en français.
3) L'hiver est dur au Québec.
4) Le sirop d'érable est le symbole de l'hiver au Québec.
5) Le « Cirque du Soleil » est français.

Répondez aux questions suivantes :

以下の問いに答えましょう.

1) Dans quelle région des États-Unis parle-t-on français ?
2) Quand est-ce que les ancêtres des Québécois viennent en Amérique ?
3) Donnez le nom d'une loi québécoise de protection du français.
4) Quels sports fait-on au Québec en hiver ?
5) Quelle est la profession de Céline Dion ?

Chanson ♪

Le temps qu'on a pris pour se dire: je t'aime

C'est le seul qui reste au bout de nos jours

Les vœux que l'on fait les fleurs que l'on sème

Chacun les récolte en soi-même

Aux beaux jardins du temps qui court

Gens du pays c'est votre tour

De vous laisser parler d'amour

Gens du pays c'est votre tour

De vous laisser parler d'amour

Le temps de s'aimer, le jour de le dire

Fond comme la neige aux doigts du printemps

Fêtons de nos joies, fêtons de nos rires

Ces yeux ou nos regards se mirent

C'est demain que j'avais vingt ans

(refrain)

Le ruisseau des jours aujourd'hui s'arrête

Et forme un étang ou chacun peut voir

Comme en un miroir l'amour qu'il reflète

Pour ces cœurs à qui je souhaite

Le temps de vivre leurs espoirs

(refrain)

Gilles Vigneault
Gens du pays

写真
〈左〉ケベック州旗
〈中下〉メープルシロップ(世界流通量の7割以上がケベック州産)
〈中上〉雪遊びをする子どもたち
〈右〉ケベック市のランドマーク,シャトー・フロントナック

Leçon 4 | 25

Leçon 5 Dialogue
Quel pays francophone visiter ?

Manami : Quel pays francophone vous voulez visiter ?

Ami 1 : Au Sénégal, il fait beau, on peut nager, bronzer, rencontrer des gens...

Ami 2 : Je préfère le Canada, le voyage est plus cher que pour le Sénégal mais on peut faire plus de choses : voir des monuments, visiter des musées et faire des promenades dans la nature.

Ami 3 : Moi, c'est la Suisse que je veux visiter. On peut voir la nature, les montagnes, il y a aussi des musées intéressants... et c'est le pays qui a le meilleur fromage de fondue.

Ami 4 : Au Maroc, le temps est aussi beau qu'au Sénégal, il y a des plages et on peut manger du bon couscous. On peut visiter la plus grande mosquée d'Afrique.

Manami : Oh, là, là, il y a beaucoup de pays à visiter...

■ **基本文法1** （p.57 参照）

不規則な活用をする動詞 pouvoir, vouloirの直説法現在
本文のなかにでてくる動詞pouvoir, vouloirを線で囲みましょう.

■ **基本文法2** （p.57 参照）

比較級,最上級
本文のなかにでてくる**比較級**の表現に下線を引きましょう.
また**最上級**の表現に二重下線を引きましょう.

■ **基本構文**

強調構文 C'est ～ qui ... / C'est～ que ... …なのは～だ

Jiro voit Marie tous les jours à la fac.
C'est Jiro **qui** voit Marie tous les jours à la fac.
C'est Marie **que** Jiro voit tous les jours à la fac.
C'est tous les jours **que** Jiro voit Marie à la fac.
C'est à la fac **que** Jiro voit Marie tous les jours.

● 主語を強調するときだけqui
ほかはqueを使います.

26

Destination Francophonie

◻ PLUS, PLUS, PLUS... Plus いろいろ

CDを聞き，発音されるSの下の（ ）に○を入れましょう．意味も考えてみましょう．

1) Il travaille plus que moi.
      （ ）
2) Parlez plus bas, s'il vous plaît.
         （ ）
3) Aujourd'hui, il fait plus chaud qu'hier.
                  （ ）
4) Il y a plus de filles que de garçons dans la classe.
         （ ）
5) C'est le chanteur le plus populaire en France.
                  （ ）
6) C'est toi que j'aime le plus au monde.
                     （ ）
7) C'est Nicolas qui est le plus petit de sa classe.
                     （ ）
8) Il est beau et intelligent. Et en plus, il est riche.
                           （ ）
9) Les Japonais voyagent de plus en plus à l'étranger.
                       （ ） （ ）
10) Je ne suis plus malade.
             （ ）

- en plus さらに
- ne ~ plus もはや~ない
- de plus en plus ますます

発音のポイント 12

plusが形容詞や副詞とともに用いられるときsは発音しません．plusが単独でbeaucoupの比較級（または最上級）として用いられる場合はsを発音します．熟語は個別に覚えましょう．

◻ 強調構文

次の文の下線部を強調する文を作りましょう．

1) Maman aime <u>la mer</u>.
2) <u>Papa</u> préfère la campagne.
3) Après la discussion, <u>Nicolas</u> trouve une solution.
4) Ils vont <u>en Bretagne</u>.

フランス語にしましょう．
・・・・・・・・・・・・・・・・・・・・

1) ヴァカンスに私たちはタヒチ(Tahiti)に行きたいです．
2) ニース(Nice)では美術館を見学したり，海で泳いだりできます．
3) 東京にはパリよりも多くの人がいます．
4) 富士山(Le Mont Fuji)は日本でもっとも高い山です．

比較級，最上級を使い，フランス語で説明する文をつくりましょう．
・・・・・・・・・・・・・・・・・・・・・・・・・・・・・・・・・・・

| La tour Eiffel : 321m | La tour de Tokyo : 333m | La tour Sky Tree : 634m |

Leçon 5 | 27

5   Le français dans les Caraïbes

Dans les Caraïbes, on parle français en Guyane et aux Antilles, c'est-à-dire la Guadeloupe, la Martinique et Haïti. Rappelons un peu d'histoire : les Français arrivent dans cette région du monde au XVIIe siècle. Ils installent des plantations de canne à sucre et font venir* d'Afrique des esclaves.

Ces Africains se métissent avec des Européens et donnent naissance aux langues et cultures créoles. Le créole est fait d'un mélange de plusieurs langues d'ethnies africaines et d'une langue européenne, par exemple le français. C'est la langue maternelle des Antillais. Ils utilisent le créole tous les jours à côté du français.

Haïti devient le premier pays noir indépendant en 1804, mais malheureusement c'est aujourd'hui un des plus pauvres de la planète. La Guadeloupe, la Martinique et la Guyane restent françaises (DROM). Le tourisme et l'agriculture sont les industries les plus importantes de la région.

Connaissez-vous le Zouk ? C'est une musique antillaise de danse très rythmée. Dans les années 80, elle obtient une reconnaissance internationale avec le groupe Kassav'.

* font venir : 来させる

Destination Francophonie

Questions

Répondez par vrai ou faux :
以下の文の内容は正しいですか,それとも間違っていますか.

1) Les habitants des Caraïbes ont des ancêtres africains.
2) Les Antillais parlent seulement créole.
3) La Guyane est française.
4) On fait beaucoup de tourisme aux Antilles.
5) Le groupe Kassav' est peu connu à l'étranger.

Répondez aux questions suivantes :
以下の問いに答えましょう.

1) Citez deux îles des Antilles.
2) Quand est-ce que les Français arrivent aux Antilles ?
3) Quelle est l'origine de la langue créole ?
4) De quand date l'indépendance d'Haïti ?
5) Quel genre de musique est le Zouk ?

Chanson ♪

Kijan zot fé (Comment faites-vous ?)
M'pa ka konpran'n (Je ne comprends pas)
Zot ka viv'kon si (Vous vivez comme si)
Pa ni pwoblém' (Il n'y avait pas de problèmes)

Poutan zot sav' (Pourtant vous savez)
Lavi la réd (Que la vie est dure)
Kijan zot fé (Comment faites-vous)
Pou pé sa kenbé (Pour tenir)

Zouk la sé sel médikaman nou ni, sa kon sa {x2}
(Le zouk est le seul médicament que nous avons, c'est comme ça)

M'pa té konnet (J'ignorais)
Sécré lasa (Le secret)
Ban mwen plan la (Donne-m'en le plan)
P'mwen pé sa konpran'n (Afin que je puisse comprendre)

Ban mwen plan la (Donne-m'en le plan)
M'poko sézi'i (Je n'ai pas encore saisi)
Si janmé on jou (Si jamais un jour)
Mwen tonbé malad (Je tombe malade)

Zouk la sé sel médikaman nou ni, sa kon sa {x4}

Si sé sa mwen an nou zouké (Si c'est cela, allons zouker)

Mi'i kon sa ... Mi'i kon sa ... (Voilà : comme ça !)
Zouk la sé sel médikaman nou ni, sa kon sa {x4}

An malad {x6} (Je suis malade)

Kassav'
Zouk la sé sèl médikaman nou ni

写真
〈上1〉グアドループの女性
〈上2〉グアドループの海岸
〈上3〉グアドループの音楽グループKassav'
〈上4〉グアドループの市場

© Copyright by Sony Music Pub. France   The rights for Japan licensed to Sony Music Publisshig (Japan) Inc.

Leçon 5 | 29

Leçon 6 Dialogue
Un week-end à Bruxelles

Paul et Laure sont un couple parisien. Un vendredi soir, Laure lit dans le salon. Paul vient lui parler.

Paul : J'ai une idée. On peut aller à Bruxelles demain.

Laure : Euh... pour quoi faire ?

Paul : Il y a une exposition intéressante au Centre de la Bande Dessinée.

Laure : Tu t'intéresses beaucoup à la B.D., mais moi, ça ne m'intéresse pas vraiment.

Paul : Et en ce moment, on peut voir le fameux tapis de fleurs sur la Grand-Place.

Laure : Ah oui, je veux le voir ! On va à Bruxelles.

Paul : Dans ce cas-là, il faut se lever tôt. On prend le train à 8 heures et on arrive là-bas à 9 heures et demie.

Laure : Alors, réveille-moi à 5 heures, s'il te plaît.

Paul : À 5 heures ?! Mais c'est trop tôt ! On part d'ici à 7 heures.

Laure : J'ai besoin de me lever tôt ; je dois prendre une douche, m'habiller, me maquiller, etc. Ça prend du temps.

Paul : Bon d'accord, alors il faut se coucher maintenant. Il est déjà 11 heures.

- **基本文法 1** (p.58 参照)

  代名動詞　本文中の代名動詞に下線を引きましょう.

- **基本文法 2** (p.58 参照)

  不規則な活用をする動詞 devoirの直説法現在

- **基本文法 3** (pp.58-59 参照)

  補語人称代名詞

- **基本構文 1** (p.59 参照)

  Il faut ＋ 動詞の不定法　～しなくてはならない

- **時刻の言い方** (p.67, 3 参照)

- **基本語彙** (p.69, 7-3 参照)

写真　〈左〉ベルギー漫画センター　〈右〉ブリュッセル, グランプラスのフラワーカーペット

Destination Francophonie

■ 他動詞の文と代名動詞の文

どちらの文が読まれましたか？ CD を聞き，読まれたほうにチェックをしてください．
意味も考えて見ましょう．

1) Je m'appelle Sophie. ( )
   Je l'appelle Sophie. (l'=mon amie) ( )
2) Il s'amuse beaucoup. ( )
   Il l'amuse beaucoup. (l'=sa petite amie) ( )
3) Tu te laves le soir. ( )
   Tu le laves le soir. (le=ton bébé) ( )
4) Elle s'habille pour la soirée. ( )
   Elle l'habille pour la soirée. (l'=sa fille) ( )
5) Je me promène dans le parc. ( )
   Je le promène dans le parc. (le=mon chien) ( )
6) Elle se couche toujours à 10 heures. ( )
   Elle le couche toujours à 10 heures. (le=son fils) ( )

■ devoir を使った文

devoir を使った文に書き換えましょう．

1) Il faut revenir demain. (vous を主語にして)
   → _____

2) Il faut travailler plus. (nous を主語にして)
   → _____

3) Il faut parler français. (tu を主語にして)
   → _____

フランス語にしましょう．
. . . .

1) 私は公園を散歩するのが好きです．

2) 試験の前には早く寝なくてはなりません．

3) 彼は中国の歴史にとても興味を持っています．

4) あなたは働きすぎだから，少し休まなくちゃいけないよ．

フランス語であなたの普段の生活を書いて見ましょう（起床から就寝まで）．
. . . .

D'habitude, je ～

Leçon 6

6 Le français au Maghreb

Le Maghreb veut dire « la terre où* le soleil se couche ». Ce terme désigne surtout trois pays d'Afrique du Nord : l'Algérie, le Maroc et la Tunisie. Après leur indépendance, ils procèdent à l'arabisation. L'arabe est la seule langue officielle aujourd'hui mais le français est encore couramment utilisé dans la société. Par exemple, en Tunisie, on commence à l'apprendre dès la troisième année d'école primaire et l'enseignement se fait en français à partir du collège. On peut trouver de nombreux médias francophones.

Le couscous est un plat familial du Maghreb. Il est à base de semoule avec de la sauce de viande et de légumes. Il faut l'essayer ; c'est vraiment délicieux ! Le thé à la menthe, boisson traditionnelle, se boit très sucré et très chaud.

Le raï, ça vous dit quelque chose ? C'est une musique algérienne. Ses thèmes sont souvent les problèmes de tous les jours et les revendications sociales. Beaucoup de musiciens de raï comme Khaled, Rachid Taha et Faudel ont beaucoup de succès en France.

* où：(場所の関係代名詞)

Destination Francophonie

Questions

Répondez par vrai ou faux :
以下の文の内容は正しいですか,それとも間違っていますか.

1) L'Algérie est un pays du Maghreb.
2) Il y a plusieurs langues officielles au Maroc.
3) Il y a des journaux francophones en Tunisie.
4) On ne mange pas de couscous au Maroc.
5) Le raï est connu en France.

Répondez aux questions suivantes :
以下の問いに答えましょう.

1) Quelle est la signification de « Maghreb » ?
2) Quand a eu lieu l'arabisation des pays du Maghreb ?
3) Qu'est-ce qu'il y a dans le couscous ?
4) Comment boit-on le thé à la menthe ?
5) Citez deux musiciens de raï.

Chanson ♪

Comme si je n'existais pas
Elle est passée à côté de moi
Sans un regard reine de Saba
J'ai dit : Aïcha, prends, tout est pour toi

Voici les perles, les bijoux
Aussi l'or autour de ton cou
Les fruits bien mûrs au goût de miel
Ma vie Aïcha si tu m'aimes

J'irais où ton souffle nous mène
Dans les pays d'ivoire et d'ébène
J'effacerais tes larmes tes peines
Rien n'est trop beau pour une si belle

Oh ! Aïcha, Aïcha écoute-moi
Aïcha, Aïcha t'en vas pas
Aïcha, Aïcha regarde-moi
Aïcha, Aïcha réponds-moi

Je dirais les mots les poèmes
Je jouerais les musiques du ciel
Je prendrais les rayons du soleil
Pour éclairer tes yeux de rêves

Oh ! Aïcha, Aïcha écoute moi
Aïcha, Aïcha t'en vas pas

Elle a dit : garde tes trésors
Moi je vaux mieux que tout ça
Des barreaux sont des barreaux même en or
Je veux les mêmes droits que toi
Du respect pour chaque jour moi je ne veux que l'amour
(…)

Khaled
Aïcha

写真
〈左1〉チュニジアの街角
〈左2〉チュニス市内の標識
〈左3〉チュニス市内の広告
〈左4〉マグレブ料理クスクス

Leçon 7 Dialogue
Les grandes vacances

Au bureau, Julie parle avec son collègue Benoît devant la machine à café.

Julie :   Alors, qu'est-ce que tu as fait cet été ?
Benoît : Je suis allé en Guadeloupe.
Julie :   Qu'est-ce que tu as fait là-bas ?
Benoît : Je n'ai absolument rien fait ! Tous les jours, je me suis reposé sur la plage. Il a fait un temps magnifique. La Guadeloupe, c'est le paradis !
Julie :   Moi, j'ai voyagé au Canada. C'est un beau pays. Je suis allée sur l'Île du Prince Édouard. Le français est parlé là-bas, tu sais ?
         J'ai visité le musée des Acadiens*. J'ai été charmée par leur histoire.
Benoît : Tu n'es pas allée au Québec ?
Julie :   Si, à Québec et à Montréal. J'ai fait beaucoup de choses. Je me suis bien amusée.
Benoît : Au fait, j'ai une très bonne bouteille de rhum. Je vais organiser une soirée samedi soir. Tu viens ?
Julie :   Ah, c'est dommage. Je suis invitée chez mon frère. Il est allé aux Seychelles. Il va nous préparer une vraie soupe de coco.

* Acadiens : アカディア人

■ 基本文法 1 （p.60 参照）

　動詞の直説法複合過去
　　- avoirを用いる場合
　　- être を用いる場合（一部の自動詞と代名動詞）
　本文中の複合過去の動詞に下線を引きましょう。

■ 基本文法 2 （p.60 参照）

　受動態　être ＋過去分詞（他動詞）
　本文中の受動態に波線を引きましょう。

Destination Francophonie

複合過去の文

次の文を複合過去の文に書き換えましょう．その後 CD を聞き，読まれたほうにチェックをしてください．

1) Nous avons faim.   （　）

　→ Nous (　　　　　　　　) faim.   （　）

2) Il ne fait pas beau.   （　）

　→ Il (　　　　　　　　) beau.   （　）

3) Je me promène dans la forêt.   （　）

　→ Je (　　　　　　　　) dans la forêt.   （　）

4) L'avion arrive à quelle heure ?   （　）

　→ L'avion (　　　　　　　　) à quelle heure ?   （　）

5) Je suis invité chez un ami.   （　）

　→ J' (　　　　　　　　) chez un ami   （　）

受動態の文

括弧のなかに次の動詞のなかから適当なものを選び，受動態に活用させて入れましょう（注意：現在形で書きなさい）．

acheter　　inviter　　organiser　　préparer

Une soirée (　　　　　　) par Benoît. Tous ses amis (　　　　　　). Une salade de riz (　　　　　　) par Patrick et Sonia. Des bouteilles (　　　　　　) par Julien et Lucie. C'est une très belle soirée.

フランス語にしましょう．

1) 昨日大学で Joël に会いました．

2) 去年彼らは日本に行きました．

3) 私たちは沢山歩いたので，ベンチで少し休憩しました．

4) エッフェル塔は 1889 年に建てられました．

週末の日記をフランス語で書いて見ましょう（複合過去形をつかって）．

Ce week-end, j'ai (je suis) ～

Leçon 7 | 35

7 Le français en Afrique noire

Les pays francophones d'Afrique sont d'anciennes colonies françaises. Beaucoup sont devenus indépendants dans les années soixante. 21 pays ont gardé le français comme langue officielle mais il n'est pas la langue maternelle de la plupart des Africains.

Dans beaucoup de pays d'Afrique, il y a de nombreuses ethnies et langues. Par exemple au Sénégal, il y a six langues nationales ; le wolof* est la plus répandue mais on utilise le français comme langue officielle, c'est-à-dire dans la justice, l'administration ou l'enseignement.

Le Sénégalais Léopold Sédar Senghor est le poète africain francophone le plus célèbre. Il a créé avec son ami martiniquais Aimé Césaire le concept de « négritude ». Cette notion exprime le refus du racisme contre les noirs et la réhabilitation de la culture africaine. Senghor a aussi mené une carrière politique. Il a été le premier président de la République du Sénégal, de 1960 à 1980. Il est le premier Africain membre de l'Académie française. Il est mort le 20 décembre 2001 à l'âge de 95 ans.

* le wolof : ウォロフ語

Destination Francophonie

Questions

Répondez par vrai ou faux :

以下の文の内容は正しいですか, それとも間違っていますか.

1) On parle français en Afrique pour des raisons historiques.
2) Il n'y a pas beaucoup de langues en Afrique.
3) Dans certains pays d'Afrique, on parle français à l'école.
4) Léopold Sédar Senghor a écrit des romans.
5) Léopold Sédar Senghor a fait plusieurs métiers.

Répondez aux questions suivantes :

以下の問いに答えましょう.

1) Les pays africains francophones sont indépendants depuis quand ?
2) Il y a combien de langues nationales au Sénégal ?
3) Quel concept ont créé Léopold Sédar Senghor et Aimé Césaire ?
4) Quelle fonction politique a occupé Léopold Sédar Senghor dans son pays ?
5) En quelle année est né Léopold Sédar Senghor ?

Poème ♪

Cher frère blanc,
Quand je suis né, j'étais noir,
Quand j'ai grandi, j'étais noir,
Quand je suis au soleil, je suis noir,
Quand je suis malade, je suis noir,
Quand je mourrai, je serai noir.
Tandis que toi, homme blanc,
Quand tu es né, tu étais rose,
Quand tu as grandi, tu étais blanc,
Quand tu vas au soleil, tu es rouge,
Quand tu as froid, tu es bleu,
Quand tu as peur, tu es vert,
Quand tu es malade, tu es jaune,
Quand tu mourras, tu seras gris.
Alors, de nous deux,
Qui est l'homme de couleur ?

Tradition orale africaine
L'homme de couleur

写真
〈上1〉教室風景
〈上2〉アフリカの子ども
〈上3〉セネガルの港
〈上4〉元セネガル大統領で詩人のLéopold Sédar Senghor
〈左下〉セネガルのフランス語新聞

Leçon 7 37

Leçon 8 Dialogue
Je n'habitais pas en France

Mohamed est un petit garçon de six ans. Il parle à son père.

Mohamed : Dis papa, quand tu étais petit, tu étais comment ?

Père : D'abord, je n'habitais pas en France. J'étais en Algérie.

Mohamed : Oui, c'est ce que tu m'as déjà dit. C'était comment, là-bas ?

Père : Ben, c'était juste après la guerre. La vie n'était pas facile et un jour mon père a décidé de partir en France.

Mohamed : Et après ?

Père : Il nous a fait venir, toute la famille. J'avais six ans.

Mohamed : Ah, oui, comme moi. Et ça allait ?

Père : Au début, je ne parlais pas bien français donc j'avais du mal à l'école. Mais un jour j'ai rencontré un très bon prof qui m'a fait découvrir le judo. C'est un sport que j'ai adoré tout de suite.

Mohamed : Tu as eu de la chance !

Père : Mon père n'était pas d'accord mais finalement, il m'a laissé continuer. J'ai vraiment beaucoup travaillé et je suis devenu un champion olympique.

■ 基本文法1 （p.61 参照）
　動詞の直説法半過去
　　本文中の半過去の動詞に下線を引きましょう．

■ 基本文法2 （p.61 参照）
　使役の表現　faire + 動詞の不定法（〜させる）
　放任の表現　laisser + 動詞の不定法（〜させる）
　　本文中の使役または放任の表現に波線を引きましょう．

■ 基本文法3 （pp.61-62 参照）
　関係代名詞
　　本文中の関係代名詞をマークしましょう．
　ce que… / ce qui…　〜のこと・もの
　　（ceが関係代名詞の先行詞になっています）

38　写真　フランスの柔道クラブ

Destination Francophonie

◻ 半過去の文

♪37 次の文を半過去の文に書き換えましょう．その後 CD を聞き，読まれたほうにチェックをしてください．

1) Je parle français.   ( )

   → Je (   ) français.   ( )

2) Vous comprenez.   ( )

   → Vous (   ).   ( )

3) Ils écoutent la radio.   ( )

   → Ils (   ) la radio.   ( )

4) Vous allez au théâtre.   ( )

   → Vous (   ) au théâtre.   ( )

5) Tu finis à quelle heure ?   ( )

   → Tu (   ) à quelle heure ?   ( )

◻ 半過去と複合過去

括弧のなかに次の動詞のなかから適当なものを選び，半過去または複合過去に活用させて入れましょう（注意：2 度使うものがあります）．

aimer	déménager	faire	naître	devenir	habiter	avoir	être

- Tu te souviens quand nous (   ) à côté de la gare ?

- Oui, un petit studio ! On n'(   ) pas beaucoup de choses.

- Non, mais on (   ) heureux. C'est là que notre fille (   ).

- Oui, et après, comme l'appartement (   ) trop petit, nous (   ) ici.

- Nous (   ) jeunes...

- Et nous nous (   ) passionnément !

フランス語にしましょう．

1) あなたがいらしたとき，私は留守でした．

2) 子供の頃，泣き虫でした．

3) 両親が映画に行かせてくれない．

4) 彼が私を来させたのです．

幼い頃の思い出をフランス語で書いて見ましょう（半過去をつかって）．

Quand j'étais petit(e), ～

Leçon 8 | 39

8. Le français en Asie du Sud-Est

Du milieu du XIXe siècle jusqu'au milieu du XXe siècle, le Viêtnam, le Laos et le Cambodge faisaient partie de ce qu'on appelait l'Indochine française. Après la deuxième guerre mondiale, les mouvements de résistance à la colonisation ont provoqué la guerre d'Indochine qui s'est terminée par l'indépendance du Viêtnam en 1954. De 1965 à 1975, le pays a connu une autre guerre entre le Nord communiste et le Sud soutenu par les États-Unis.

Le roman *L'amant* de Marguerite Duras, qui a été adapté au cinéma, et le film *Indochine* avec Catherine Deneuve se passent au temps de l'Indochine française. Ces œuvres nous montrent le magnifique paysage du fleuve Mékong et l'ambiance de l'époque. Il reste même aujourd'hui quelques exemples d'architecture coloniale, surtout à Hô Chi Minh-Ville qui s'appelait Saigon.

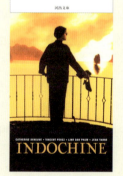

Dans les trois pays qui formaient l'Indochine française on trouve aujourd'hui d'importantes minorités francophones mais en général ce sont les personnes âgées qui parlent français. Il y a des écoles où on enseigne dans cette langue mais les jeunes apprennent souvent l'anglais.

Destination Francophonie

Questions

Répondez par vrai ou faux :

以下の文の内容は正しいですか,それとも間違っていますか.

1) En 1900, le Viêtnam était sous le contrôle de la France.
2) La décolonisation a été paisible.
3) Le Viêtnam a fait la guerre contre les États-Unis.
4) Il y a des bâtiments de l'époque de l'Indochine française à Hô Chi Minh-Ville.
5) Au Viêtnam, ce sont les jeunes qui parlent le plus français.

Répondez aux questions suivantes :

以下の問いに答えましょう.

1) Combien de temps environ l'Indochine française a-t-elle existé ?
2) Quand le Viêtnam est-il devenu indépendant ?
3) Qu'est-ce que *L'amant* ?
4) Comment s'appelait Hô Chi Minh-Ville il y a 50 ans ?
5) Qui parle français au Viêtnam aujourd'hui ?

Chanson ♪

Raconte-moi ce nom étrange et difficile à prononcer
Que je porte depuis que je suis née
Raconte-moi le vieil empire et le trait de mes yeux bridés
Qui disent mieux que moi ce que tu n'oses dire
Je ne sais de toi que des images de la guerre
Un film de Coppola, des hélicoptères en colère

Un jour, j'irai là-bas
Un jour, dire bonjour à ton âme
Un jour, j'irai là-bas
Te dire bonjour, Viêtnam

Quynh Anh 2006
Bonjour Viêtnam (extrait)

写真
〈左〉ホーチミン市庁舎
〈右1〉教室風景
〈右2〉ベトナムのフランス語新聞
〈右3〉マルグリット・デュラスの小説
『愛人』邦訳,表紙
〈右4〉映画インドシナのポスター

Leçon 8

Leçon 9 Dialogue
J'irai dans un pays africain

Christophe et Pascale, deux étudiants, discutent de leur avenir.

Christophe : Qu'est-ce que tu feras après tes études ?

Pascale : Je rentrerai au Luxembourg et je travaillerai dans la finance. Tu sais que mon oncle est directeur de la banque centrale ?

Christophe : Oui, je le sais. C'est bien pour toi. Moi, je ferai du travail humanitaire. J'aiderai une organisation non gouvernementale. J'irai certainement dans un pays africain, peut-être au Rwanda.

Pascale : Tu y es déjà allé ?

Christophe : Non, pas encore mais j'ai lu beaucoup sur ce pays et on en parle souvent dans les médias.

Pascale : J'espère que tout ira bien. Si tu as des vacances, tu viendras me voir au Luxembourg ?

Christophe : Oui, ce sera avec plaisir. Toi aussi, tu pourras venir en Afrique quand tu voudras. Tu seras toujours la bienvenue.

Pascale : Oui, nous resterons en contact. Mais en attendant, on a des examens à passer. Alors il faut travailler.

■ 基本文法 1 （p.62 参照）

　動詞の直説法単純未来
　　本文中の単純未来の動詞に下線を引きましょう.

■ 基本文法 2 （p.63 参照）

　ジェロンディフ en ～ ant
　　本文中のジェロンディフに波線を引きましょう.

■ 基本構文 1

　Si + 直説法現在, 未来 （未来についての仮定） もし～なら, …
　　S'il pleut demain, je resterai à la maison.

■ 基本構文 2

　J'espère que ～　～であることを期待する, ～だといいね
　　J'espère que tu réussiras ton examen.

42　写真　〈上〉アフリカの親子　〈下〉ルクセンブルグ大公宮

Destination Francophonie

単純未来の文 1

次の文を単純未来の文に書き換えましょう. その後 CD を聞き, 読まれたほうにチェックをしてください.

1) Tu te couches tôt.　　　　　　　　　　　　　( )
　→ Tu (　　　　　　　) tôt.　　　　　　　　( )
2) Il prend le métro.　　　　　　　　　　　　　( )
　→ Il (　　　　　　　) le métro.　　　　　　( )
3) Tu reviens ?　　　　　　　　　　　　　　　( )
　→ Tu (　　　　　　　) ?　　　　　　　　　( )
4) Nous finissons tard.　　　　　　　　　　　　( )
　→ Nous (　　　　　　) tard.　　　　　　　( )
5) Elle va en Italie.　　　　　　　　　　　　　( )
　→ Elle (　　　　　　　) en Italie.　　　　　( )
6) Vous partez demain ?　　　　　　　　　　　( )
　→ Vous (　　　　　　) demain ?　　　　　( )

単純未来の文 2

括弧のなかに次の動詞のなかから適当なものを選び, 単純未来に活用させて入れましょう (注意: 2 度使うものがあります).

continuer se marier voyager acheter aider devenir habiter avoir être

- Quand je (　　　　　) grande, je (　　　　　) pâtissière. Je (　　　　　) avant 25 ans et j'(　　　　　) deux ou trois enfants. Je (　　　　　) mon travail après le mariage, mon mari m'(　　　　　) bien. On (　　　　　) près de chez mes parents. On (　　　　　) une maison avec un petit jardin. Pour les vacances, on (　　　　　) à l'étranger. On (　　　　　) heureux !

フランス語にしましょう.

1) 明日良い天気になるといいね.
2) 私は働きながら大学に行きます.
3) 家に来れば, 写真を見せてあげるよ.
4) 20 歳になったら, フランスのワインを飲んでみたいです.

あなたの将来についてフランス語で書いて見ましょう (単純未来をつかって).

Quand je finirai mes études, ～

Leçon 9 43

9 Le français dans le Pacifique

Au XIXe siècle, les Français ont pris possession de plusieurs archipels en explorant le Pacifique. On y trouve donc des îles francophones. La Polynésie française, qui comprend l'île de Tahiti, et Wallis-et-Futuna sont ainsi aujourd'hui encore des collectivités d'outre-mer françaises. La Nouvelle-Calédonie a un statut spécial, celui de collectivité *sui generis*. Les indépendantistes l'appellent « Kanaky » car les autochtones se nomment les Kanaks. Certains veulent devenir indépendants. Le seront-ils un jour ? On le verra. Un premier référendum a été organisé sur cette question en novembre 2018.

L'atoll de Mururoa, situé dans la Polynésie française, regorge de beautés. Pourtant, durant 30 ans, la France y a effectué environ 200 essais nucléaires. Les derniers, décidés par Jacques Chirac en 1995, ont provoqué, on s'en souvient, de très vives protestations dans le monde entier.

Ces îles tropicales, avec leur climat accueillant, leurs magnifiques plages et leur culture exotique ne manquent pas d'attraits pour les touristes. Le fameux peintre Paul Gauguin est venu à Tahiti pour trouver le paradis terrestre. Il y a peint des tableaux qu'on peut admirer aujourd'hui au Musée d'Orsay.

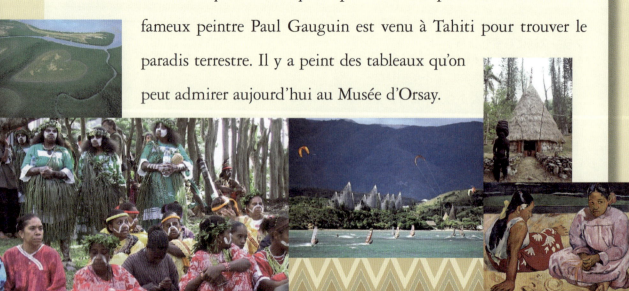

Destination Francophonie

Questions

Répondez par vrai ou faux :

以下の文の内容は正しいですか，それとも間違っていますか.

1) La France a exploré le Pacifique sans prendre de territoire.
2) La Nouvelle-Calédonie est une collectivité d'outre-mer française.
3) Il y a un mouvement pour l'indépendance de la Nouvelle-Calédonie.
4) Les Français ont fait exploser des bombes atomiques en Polynésie française.
5) Paul Gauguin est arrivé en Nouvelle-Calédonie en cherchant le paradis.

Répondez aux questions suivantes :

以下の問いに答えましょう.

1) Où se trouve l'île de Tahiti ?
2) Comment décidera-t-on si la Nouvelle-Calédonie devient indépendante ?
3) Combien d'essais nucléaires la France a-t-elle effectué dans le Pacifique ?
4) Pour les touristes, quels sont les charmes des îles du Pacifique ?
5) Où peut-on voir des tableaux de Paul Gauguin ?

Chant ♪

'Ua rahu te atua (i) to'u 'ai'a
Hono no'ano'a o te motu rau
Heihei i te pua ri'i au é
E firi nape morohi 'ore
'O ta'u ia e fa'ateniteni nei
Te Tuoro nei te reo here
O te hui'a
'A hi'i to aroha
'Ia ora o Tahiti Nui é

(Traduction française)

Mon pays est né de Dieu
Collier d'îles multiples
Aux délicates senteurs
Reliées d'une tresse immortelle
Aujourd'hui je te loue
Voici que s'élève la voix de tes enfants
" Répands ton amour "
Pour que vive Tahiti Nui

Ia Ora 'O Tahiti Nui
hymne de la Polynésie française

写真
〈左上〉ニューカレドニア風景 (Cœur de Voh)
〈左下〉カナックの人びと
〈中〉ニューカレドニア海岸風景 (centre culturel Tjibaou)
〈右上〉カナックの伝統的住居
〈右下〉ゴーギャン「タヒチの女」

Leçon 9 | 45

Leçon 10 Dialogue
Les voyages forment la jeunesse

Thomas : Si tu étais milliardaire, qu'est-ce que tu ferais ?
Manami : Je ferais un tour du monde. J'irais sur les cinq continents.
Thomas : Pourquoi tu veux tant voyager ?
Manami : Pour rencontrer des gens et connaître d'autres cultures.
Thomas : Penses-tu qu'on puisse vraiment connaître d'autres cultures en voyageant comme ça ? On peut très bien découvrir des cultures à travers les livres.
Manami : Oui, tu as raison mais on dit « Voir, c'est croire » et aussi « Les voyages forment la jeunesse ». Je voudrais vraiment partir.
Thomas : Bon, d'accord. Je te souhaite bonne chance.
Manami : Merci. Mais avant que je parte, je dois travailler encore plus mon français.
Thomas : Comme tu es sérieuse ! Et quelle passion pour le français ! Si tu continues comme ça, tu feras rapidement des progrès.

■ **基本文法 1** (p.64 参照)
　条件法現在
　　本文中の条件法現在に下線を引きましょう．

■ **基本文法 2** (p.64 参照)
　接続法現在
　　本文中の接続法現在に波線を引きましょう．

■ **基本構文 1** (p.64 参照)
　Si + 直説法半過去, 条件法現在　（現在の事実に反する仮定）もし～だったら，～なのに
　　（L.9 ででてきた未来についての仮定と区別しましょう）

■ **基本構文 2** (p.65 参照)
　感嘆文
　　Comme + S V !／Que + S V !　　なんて～なのでしょう！
　　Quel(le)(s) + 名詞 !　　　　　　なんという～でしょう！

写真　〈左〉エールフランス航空機　〈右〉フランス高速鉄道TGV

条件法現在の文

次の直説法現在の文を条件法現在の文に書き換えましょう. その後 CD を聞き, 読まれたほうにチェックをしてください.

1) Avez-vous une idée ?　　　　　　　　　　　　　　（　）
 → (　　　　　　　　)-vous une idée ?　　　　　　（　）
2) Je veux un croissant.　　　　　　　　　　　　　（　）
 → Je (　　　　　　) un croissant.　　　　　　　（　）
3) Pouvez-vous m'aider ?　　　　　　　　　　　　　（　）
 → (　　　　　　　　)-vous m'aider ?　　　　　　（　）
4) Nous devons finir ce travail rapidement.　　　　（　）
 → Nous (　　　　　　) finir ce travail rapidement.　（　）
5) Avec ton accord, elle est restée.　　　　　　　（　）
 → Avec ton accord, elle (　　　　　　) restée.　　（　）

条件法現在と接続法現在

括弧のなかに次の動詞のなかから適当なものを選び, 条件法現在または接続法現在に活用させて入れましょう.

| arrêter | être | faire | finir | sortir | venir |

- Mon amour, je voudrais que tu (　　　　　) de travailler tout le temps.
  J'aimerais qu'on (　　　　　) plus souvent ensemble.
- Si j'avais le temps, je le (　　　　　). Mais il faut que je (　　　　　) mon
  livre avant la rentrée.
- Je comprends mais je (　　　　　) contente que tu (　　　　　) avec moi au
  repas de famille.

フランス語にしましょう.

1) 彼女が来る前に, 行きましょう.
2) 私がお金持ちなら, あの家を買うのに.
3) 彼の立場だったら, 私は反対するでしょう.
4) 彼は6時の電車に乗らなければなりません (Il faut que をつかって).

あなたの夢をフランス語で書いて見ましょう (条件法現在をつかって).

Si j'étais milliardaire, ～

10 Les institutions de la Francophonie

Nous avons effectué un tour d'horizon rapide du monde francophone. Le français est donc partagé par différents peuples. Dans beaucoup de cas, il est un héritage historique de la colonisation, mais certains veulent en profiter comme moyen de solidarité. C'est ainsi qu'est née dans les années 60 une organisation qui rassemble des pays francophones. Elle s'appelle aujourd'hui l'Organisation Internationale de la Francophonie (OIF) et compte plus de 80 États et gouvernements membres et observateurs. Ses priorités sont la promotion de la paix, la démocratie, les droits de l'homme, l'enseignement et le développement durable.

Comme le dit M. Abdou Diouf, ancien secrétaire général de l'OIF, « La Francophonie, ce n'est pas seulement la défense de la langue française. C'est, à travers et par la promotion de la langue française, l'engagement en faveur de la diversité linguistique et, au-delà, de la diversité culturelle et du dialogue des cultures. » Le monde francophone lui-même regroupe des peuples ayant des cultures très variées, et on peut dire qu'il n'existe pas *une* seule langue française mais *des* langues françaises. La Francophonie agit pour que la diversité culturelle se maintienne. En effet, si les cultures s'uniformisaient, ce serait une grande perte pour l'humanité. La diversité est une richesse.

Destination Francophonie

Questions

Répondez par vrai ou faux :

以下の文の内容は正しいですか，それとも間違っていますか．

1) Certaines personnes pensent que le français permet de solidariser les pays.
2) L'OIF est une organisation française.
3) L'OIF a quatre domaines prioritaires d'action.
4) L'OIF a pour but de promouvoir le français dans le monde.
5) L'OIF favorise la diversité linguistique et culturelle.

Répondez aux questions suivantes :

以下の問いに答えましょう．

1) Qu'est-ce qui a favorisé la diffusion du français dans le monde ?
2) Quand est-ce que l'organisation des pays francophones a été créée ?
3) Combien de membres y a-t-il dans l'OIF aujourd'hui ?
4) Comment s'appelle le secrétaire général de l'OIF ?
5) Pourquoi faut-il défendre la diversité culturelle ?

Chanson ♪

Qu'on parle en joual
Ou en provençal
Qu'on parle en argot parigot
En cajun ou en créole

Chacun ses racines
Et chacun sa musique
Qu'on soit d'Océanie
D'Europe ou d'Amérique
D'Asie ou d'Afrique
(refrain)
L'un avec l'autre et l'un pour l'autre
Au-delà des frontières et des océans
L'un avec l'autre et l'un pour l'autre
On parle la même langue et on se comprend

L'un avec l'autre (extrait)
Thème des IVᵉˢ Jeux de la Francophonie
Paroles : Luc Plamondon Musique : Romano Musumarra 2001

写真
〈上左〉フランコフォニー国際機関OIFのシンボルマーク（五大陸を表す五色の輪）
〈上右〉OIF事務総長Louise Mushikiwabo（ルワンダ人）
〈下〉OIF加盟国・州の旗

Leçon 10 | 49

文法のまとめ
Leçon 1

● 名詞の性と数

	単数形	複数形
男性名詞	garçon	garçons
	livre	livres
女性名詞	fille	filles
	table	tables

・名詞には男性名詞と女性名詞がある．
・男性名詞に e をつけて女性名詞を作る場合がある．
　ex) étudiant / étudiante　Japonais / Japonaise
・名詞の複数形には原則として s をつける(この s は発音しない)．
・単数形が s で終わる場合には複数形でも重ねて s をつけない．
　ex) un Français / des Français
・-eau で終わる単語の複数形は s ではなく x をつける．ex) un gâteau / des gâteaux
・-al で終わる単語の複数形は -aux となる．ex) un animal / des animaux

● 不定冠詞・定冠詞

	男性単数	女性単数	複数
不定冠詞	un	une	des
定冠詞	le (l')	la (l')	les

・冠詞は名詞の前につき性・数により変化する．
・不定冠詞は不特定のものを示し，定冠詞は特定のもの，または総称を示す．
　ex) un homme(ある 1 人の男性), l'homme(その男性、人間というもの)
・母音または無音の h ではじまる名詞の前で，le, la は l' になる(エリジョン)．
　ex) la école → l'école　le homme → l'homme

● C'est〜 の文と Ce sont〜 の文

C'est 〜　　これ(あれ・それ)は〜です
Ce sont 〜　これら(あれら・それら)は〜です

・C'est のあとには単数名詞, Ce sont のあとには複数名詞を入れることができる．
・日本語のこれ, あれ, それのような距離による言葉の使い分けはしない．
　ex) C'est un livre. / Ce sont des livres.

● Voici と Voilà

Voici 〜　ここに〜がある(いる) こちらが〜です
Voilà 〜　あそこに〜がある(いる) あちらが〜です

・Voici は近く, Voilà は遠くの物や人を提示する表現. 単数, 複数のいずれにも用いることができる．
　ex) Voici Monsieur Suzuki. / Voilà les enfants.

● よく使う疑問詞

Quand ?　　いつ
Où ?　　　 どこ
Qui ?　　　誰
Quoi ?*　　何
(*quoi を単独で用いるとくだけた表現になるので注意.)
Comment ?　どうやって, どのように

```
Pourquoi ?    なぜ
Combien ?    いくつ, どれだけ
Quel＋名詞 ?  どんな～
```

● よく使う前置詞

```
à ～ / en ～      ～で,～に
de ～            ～の,～から
dans ～          ～の中で(に)
sur ～           ～の上で(に)
sous ～          ～の下で(に)
devant ～        ～の前で(に)
derrière ～      ～の後ろで(に)
chez ～          ～の家で(に)
près de ～       ～の近くで(に)
loin de ～       ～から遠くで(に)
```

Exercices

1. (　)内に冠詞を入れなさい(左は不定冠詞，右は定冠詞).
    1) Voici (　) pont. C'est (　) pont Victoria.
    2) Voilà (　) tour. C'est(　) tour Eiffel.
    3) Voici (　) université. C'est (　) université de Montréal.
    4) Voilà (　) enfants. Ce sont (　) enfants de Monsieur Bouchard.
    5) Voici (　) étudiant. C'est (　) étudiant de Madame Blanc.

2. 問いと答えを結びなさい。

    C'est quoi ?   C'est Yves Saint-Laurent.
    C'est où ?   C'est en avril.
    C'est qui ?   C'est très bon.
    C'est quand ?   C'est à Kyoto.
    C'est comment ?   C'est un hôpital.

3. (　)内に適切な前置詞を入れなさい。
    1) Il y a une place (　) l'église.   教会の前に広場があります．
    2) Il y a des fleurs(　) le jardin.   庭に花があります．
    3) C'est la maison (　) Marcel.   これはマルセルの家です．
    4) Il y a des livres(　) la table.   テーブルの上に本があります．
    5) Il y a un parc(　) la maison.   家の近くに公園があります．

Leçon 2

● 主語人称代名詞

	単数		複数	
1人称	**je (j')** 私は		**nous** 私たちは	
2人称	**tu** 君は		**vous** 君たちは・あなた（たち）は	
3人称	**il** 彼は・それは		**ils** 彼らは・それらは	
	elle 彼女は・それは		**elles** 彼女らは・それらは	

- je は母音または無音の h で始まる単語の前では j' となる(エリジョン)．
- tu と vous の使い分け：2人称単数形の tu は家族や友人などの親しい関係の相手に対して用いる．

51

それ以外では相手が 1 人でも vous を用いる．ただし学生どうしでは初対面でも tu を用いるのが一般的．
・3 人称 il(s), elle(s) は人に対してだけでなく，男性名詞・女性名詞を指しても用いられる．

● être の活用（直説法現在）

Je	suis	Nous	sommes
Tu	es	Vous	êtes
Il	est	Ils	sont
Elle	est	Elles	sont

● avoir の活用（直説法現在）

J'	ai	Nous	avons
Tu	as	Vous	avez
Il	a	Ils	ont
Elle	a	Elles	ont

● 形容詞

	単数	複数
男性	grand	grands
女性	grande	grandes

・形容詞は修飾する名詞の性と数に一致させる．原則として女性形は e，複数形は s を語末に加える．
・形容詞は一般に名詞の後におく． ex) un étudiant américain, une voiture japonaise
・よく使う短い形容詞（grand, petit, bon, mauvais, joli, beau, nouveau, jeune, vieux など）は名詞の前におく． ex) une petite maison, un nouveau directeur
・特殊な女性形を持つ形容詞もある．beau → belle, nouveau → nouvelle, vieux → vieille

● 人称代名詞の強勢形

	単数	複数
1 人称	moi 私	nous 私たち
2 人称	toi 君	vous あなた（たち）
3 人称	lui 彼	eux 彼ら
	elle 彼女	elles 彼女ら

・用法 1) 主語の強調　Moi, je suis professeur.
　　　 2) être の後　C'est qui ?　C'est moi.
　　　 3) 前置詞の後　Nous sommes chez lui.

Exercices--

1. (　)内に être または avoir を適切な形に活用して入れなさい．
　1) Caroline (　　　) 20 ans.
　2) Nous (　　　) musiciennes.
　3) Il (　　　) une sœur.
　4) Vous (　　　) un stylo ?
　5) Elles (　　　) intelligentes.

2. (　)内の形容詞を適切な形にしなさい．
　1) une étudiante (américain)
　2) une (grand) voiture
　3) deux (petit) enfants
　4) une (beau) maison
　5) des films (intéressant)
　6) la musique (italien)

3. (　)内に適切な人称代名詞の強勢形を入れなさい．
　1) C'est toi ? – Oui, c'est (　　　).
　2) (　　　), il est médecin.
　3) Je suis japonais, et (　　　) ? – Nous sommes chinois.
　4) J'ai une très bonne amie, je suis souvent chez (　　　).
　5) Madame Lebrun est avec les étudiants ? Oui, elle est avec (　　　).

Leçon 3

- **-er 動詞（第1群規則動詞）の活用（直説法現在）**

Je	chant**e**	Nous	chant**ons**
Tu	chant**es**	Vous	chant**ez**
Il	chant**e**	Ils	chant**ent**
Elle	chant**e**	Elles	chant**ent**

J'	aim**e**	Nous	aim**ons**
Tu	aim**es**	Vous	aim**ez**
Il	aim**e**	Ils	aim**ent**
Elle	aim**e**	Elles	aim**ent**

- **命令法**

| Parle.（tu に対する命令） |
| Parlons.（nous に対する命令） |
| Parlez.（vous に対する命令） |

êtreの命令
sois / **soyons** / **soyez**

avoirの命令
aie / **ayons** / **ayez**

- 動詞の直説法現在の活用から主語を除いた形を用いる．être と avoir は特別な形をとる．
- -er 動詞の tu の命令は活用語尾から s を取る．ex）Tu écoutes．→ Écoute．（聞きなさい）
- nous に対する命令は「〜しよう」という意味．ex）Marchons．（歩きましょう）
- 否定命令は動詞部分を ne ~ pas ではさむ．ex）Ne travaille pas trop．（働きすぎないでね）

- **疑問文の作り方**

次のような3種類の作り方がある．

1. **イントネーション**（上がり調子に発音する）　Vous parlez japonais ?
2. **文頭に Est-ce que をつける**　Est-ce que vous parlez japonais ?
3. **主語と動詞を倒置する**　Parlez-vous japonais ?

- Est-ce que の後が母音の場合にはエリジョンして Est-ce qu' となる．
- 倒置文の動詞と主語のあいだには -(trait d'union 連結符)を入れる．
- il a, elle a の倒置では母音が連続するのを避けるため，間に -t- を入れる．-er 動詞でも同様．
  - ex）A-**t**-il une voiture ? Habite-**t**-elle à Tokyo ?
- 主語が代名詞でない文では，主語をまず代名詞で受け，それを動詞と倒置する．
  - ex）Sylvie est-**elle** grande ? Le professeur est-**il** japonais ?

- **否定文の作り方**

| **動詞を ne と pas ではさむ** |

　　ex）Elle **ne** parle **pas** japonais.
- 母音または無音の h ではじまる動詞の前では ne は n' となる（エリジョン）．
  - ex）Il **n'**est **pas** intelligent.
- 直接目的語につく不定冠詞は否定文中では de (d') になる．
  - ex）Vous avez **des** enfants ? – Non, je n'ai pas **d'**enfant.

- **所有形容詞**

	男性単数	女性単数	複数
私の	**mon**	**ma (mon)**	**mes**
君の	**ton**	**ta (ton)**	**tes**
彼(女)の・それの	**son**	**sa (son)**	**ses**
私たちの	**notre**		**nos**
あなた(たち)の	**votre**		**vos**
彼(女)らの・それらの	**leur**		**leurs**

- 後にくる名詞の性と数にあわせて用いる．
  - ex）mon père（私の父），ma mère（私の母），mes parents（私の両親）
- 女性単数形は母音または無音の h で始まる単語の前では男性形と同形になる．
  - ex）mon ami（私の男友達），mon amie（私の女友達）

Exercices

1. （　　）内の動詞を適切な形に活用しなさい．
   1) Tu (aimer) danser ?
   2) Vous (habiter) en Suisse ?
   3) Il (écouter) la radio tous les jours.
   4) On (parler) français au Québec.
   5) Nous (travailler) dans une banque.

2. 例にならって，命令文にしなさい．
   例 : Vous écoutez le professeur. → Écoutez le professeur !
   1) Vous travaillez bien.
   2) Tu es gentil.
   3) Tu ne manges pas vite.
   4) Nous regardons un film.
   5) Vous avez confiance.

3. 次の文を ① Est-ce que を使った疑問文，② 倒置の疑問文，の2種類に書き換えなさい．
   1) Ils sont chinois ?
   2) Tu as des frères et sœurs ?
   3) Vous n'habitez pas ici ?
   4) Elle cherche un copain ?
   5) Le français est facile ?

4. 次の質問に否定形で Non, ... と答えなさい．
   1) Elle aime la musique pop ?
   2) Il cherche la clé ?
   3) Tu as un dictionnaire ?
   4) C'est un peintre français ?
   5) Il y a des enfants dans le jardin ?

5. （　　）内に適切な所有形容詞を入れなさい．
   例 : Le sac est à moi.　　C'est (mon) sac.
   1) L'ordinateur est à elle.　　　　　　C'est (　　　) ordinateur.
   2) La voiture est à toi.　　　　　　　C'est (　　　) voiture.
   3) Les cahiers sont à Michel et Agnès.　Ce sont (　　　) cahiers.
   4) La photo est à vous.　　　　　　　C'est (　　　) photo.
   5) Les livres sont à nous.　　　　　　Ce sont (　　　) livres.

Leçon 4

● -ir 動詞（第2群規則動詞）の活用（直説法現在）

Je	fini**s**	Nous	fin**issons**
Tu	fini**s**	Vous	fin**issez**
Il	fini**t**	Ils	fin**issent**
Elle	fini**t**	Elles	fin**issent**

● 不規則動詞 prendre の活用（直説法現在）

Je	**prends**	Nous	**prenons**
Tu	**prends**	Vous	**prenez**
Il	**prend**	Ils	**prennent**
Elle	**prend**	Elles	**prennent**

● 不規則動詞 aller の活用（直説法現在）

Je	vais	Nous	allons
Tu	vas	Vous	allez
Il	va	Ils	vont
Elle	va	Elles	vont

● 不規則動詞 venir の活用（直説法現在）

Je	viens	Nous	venons
Tu	viens	Vous	venez
Il	vient	Ils	viennent
Elle	vient	Elles	viennent

● 不規則動詞 faire の活用（直説法現在）

Je	fais	Nous	faisons
Tu	fais	Vous	faites
Il	fait	Ils	font
Elle	fait	Elles	font

● 不規則動詞 sortir の活用（直説法現在）

Je	sors	Nous	sortons
Tu	sors	Vous	sortez
Il	sort	Ils	sortent
Elle	sort	Elles	sortent

● 不規則動詞 voir の活用（直説法現在）

Je	vois	Nous	voyons
Tu	vois	Vous	voyez
Il	voit	Ils	voient
Elle	voit	Elles	voient

● 不規則動詞 lire の活用（直説法現在）

Je	lis	Nous	lisons
Tu	lis	Vous	lisez
Il	lit	Ils	lisent
Elle	lit	Elles	lisent

● 部分冠詞

男性形	女性形	母音の前（男女）
du	**de la**	**de l'**

・数えられない名詞に使い，不特定の量をあらわす（いくらかの〜）．
　　Je mange **du** pain. パンを食べる．　　Il écoute **de la** musique. 彼は音楽を聞く．
　　Ils ont **de la** patience. 彼らには忍耐がある．　On prend **de l'**eau. 水を飲む．

・母音で始まる名詞の前では de l' を使う．

・否定文では de になる．Vous avez **de l'**argent ? — Non, je n'ai pas **d'**argent.

● 前置詞と定冠詞の縮約

・前置詞 à や de の後に定冠詞の男性形（le）と複数形（les）がくると次のような縮約が起こる（女性形 la や l' には縮約は起こらない）．

à + le → **au**	à + les → **aux**
de + le → **du**	de + les → **des**

　　ex) Je vais au Japon.　　私は日本に行く．　　Il va aux États-Unis.　　彼はアメリカへ行く．
　　　　Tu viens du Japon.　君は日本から来る．　Elle vient des États-Unis.　彼女はアメリカから来る．

● 指示形容詞

男性単数	女性単数	複数
ce (cet)	**cette**	**ces**

・この・その・あのという意味．フランス語では遠近の差による使い分けをしない．
　　ex) ce livre（この本），cette table（このテーブル），ces chaises（これらの椅子）

・母音または無音の h で始まる単語の前では ce は cet となる．
　　ex) cet arbre（この木）

● 近接未来

aller＋動詞の不定法　　〜するところだ，〜するつもりだ

Elle **va** venir au Japon. 彼女はまもなく日本に来る．

・〈aller＋動詞の不定法〉は，「〜しに行く」という意味になる場合もあるので注意．文脈で判断する．
　　ex) Je vais chercher les enfants à la gare. 私は駅に子供たちを迎えに行く．

● 近接過去

venir de＋動詞の不定法　　〜したばかりだ

Je **viens de** rentrer. 私は帰宅したばかりです．

55

Exercices--

1.（　　　）内の動詞を直説法現在に活用しなさい.
   1) Je (prendre) un taxi pour rentrer.
   2) Vous (choisir) un restaurant pour ce soir.
   3) Michel (venir) du Canada ?
   4) Mon fils (faire) du judo dans son école.
   5) Ses enfants ne (partir) pas avec lui.

2.（　　　）内に適切な部分冠詞を入れなさい.
   1) Au petit déjeuner, je mange (　　　) pain.
   2) Au déjeuner, je prends (　　　) salade et (　　　) eau.
   3) Je fais (　　　) sport.
   4) Elle a (　　　) chance !
   5) Il a (　　　) courage.

3.（　　　）内に次の選択肢の中から適切なものを入れなさい.
   au / à la / à l' / aux / du / de la / de l' / des
   1) Il va (　　　) école.
   2) Je vais (　　　) théâtre.
   3) Elle sort (　　　) bureau.
   4) Il va (　　　) toilettes.
   5) Ils sortent (　　　) banque.
   6) Tu sors (　　　) boutiques ?

4.次の文を近い未来を表す文に書き換えなさい.
   1) Tu manges avec tes amis.
   2) Le train arrive à six heures.
   3) Elle sort ce soir.
   4) Nous achetons une télévision.
   5) Vous faites la fête.

5.次の文を近い過去を表す文に書き換えなさい.
   1) Rachid a 20 ans.
   2) J'arrive à la gare.
   3) Elles rencontrent Christian au supermarché.
   4) Vous visitez le musée du Louvre.
   5) Tu trouves un bon appartement.

Leçon 5

● 不規則動詞 pouvoir の活用(直説法現在)　　● 不規則動詞 vouloir の活用(直説法現在)

Je	peux	Nous	pouvons
Tu	peux	Vous	pouvez
Il	peut	Ils	peuvent
Elle	peut	Elles	peuvent

Je	veux	Nous	voulons
Tu	veux	Vous	voulez
Il	veut	Ils	veulent
Elle	veut	Elles	veulent

● 比較級

優等比較	**plus** ＋形容詞・副詞	より～だ
同等比較	**aussi** ＋形容詞・副詞	同じくらい～だ
劣等比較	**moins** ＋形容詞・副詞	より少なく～だ

・形容詞, 副詞の比較級には, 優等, 同等, 劣等の3種がある.
・比較対象を示すには que...(…よりも)をつける. que の後の人称代名詞は強勢形.

　　ex) Pierre est **plus** grand **que** moi.　　ピエールは私よりも背が高い.
　　　　Vincent est **aussi** grand **que** Pierre.　ヴァンサンはピエールと同じくらい背が高い.
　　　　Je suis **moins** grand **que** Vincent.　私はヴァンサンよりも背が低い.
　　　　Marie parle **plus** vite **que** Sophie.　マリーはソフィーより早口だ.

● 特殊な比較級

	beaucoup	bon(ne)(s)	bien
優等比較	**plus***	**meilleur(e)(s)**	**mieux**
同等比較	**autant**	aussi bon(ne)(s)	aussi bien
劣等比較	**moins**	moins bon(ne)(s)	moins bien

* beaucoup の比較級として用いる場合, plus の最後の s は発音する.

　　ex) Il travaille beaucoup.　　→ Il travaille **plus** que moi. 彼は私よりもたくさん働く.
　　　　Il y a beaucoup de garçons. → Il y a **autant de** garçons que de filles.
　　　　　　　　　　　　　　　　　女子と同じくらいたくさんの男子がいる.
　　　　Ton gâteau est bon.　　　→ Ton gâteau est **meilleur** que sa tarte.
　　　　　　　　　　　　　　　　　君のお菓子は彼女のタルトより美味しい.
　　　　Vous chantez bien.　　　→ Vous chantez **mieux** que moi. あなたは私より歌がうまい.

● 最上級

定冠詞 (le, la, les)＋比較級

・最上級の文を作るには, 比較級の前に定冠詞(le, la, les)をつける.
・副詞の最上級では定冠詞は常に le を用いる.
・比較対象を示すには de...(…のなかで)をつける.

　　ex) Jeanne est **la plus** petite de la famille.　ジャンヌは家族のなかで一番小さい.
　　　　Elle travaille **le plus** de la classe.　　彼女はクラスで一番勉強する.
　　　　C'est **la meilleure** chanteuse du monde. これは世界一の歌手です.
　　　　Vous dansez **le mieux** ici.　　　　　あなたはここで一番ダンスが上手だ.

Exercices
1. (　)内に pouvoir もしくは vouloir を直説法現在に活用して入れなさい.
   1) Tu (　) prendre ma voiture pour aller à l'aéroport.
   2) Vous(　) un café ?
   3) Est-ce que je (　) entrer ?
   4) On ne (　) pas fumer ici.
   5) Comme il fait très chaud, elle (　) aller à la piscine.

57

2. [　]のなかの語を比較級にして(　)内に入れ，文を完成させなさい．
   1) La France est (　　) que le Japon. [grand]
   2) Le vélo va (　　) que la voiture. [vite]
   3) Elle parle français (　　) que moi. [bien]
   4) Il fait (　　) en Tunisie qu'en Belgique. [chaud]
   5) Ce plat est (　　) avec de la sauce. [bon]

3. [　]のなかの語を最上級にして(　)内に入れ，文を完成させなさい．
   1) Le printemps est (　　) saison pour visiter le Japon. [bon]
   2) Le mont Fuji est (　　) montagne du Japon. [haut]
   3) Le TGV est le train (　　) du monde. [rapide]
   4) J'achète dans ce magasin parce que c'est (　　) du quartier. [cher]
   5) Il fait son travail (　　) possible. [bien]

Leçon 6

● 代名動詞 se coucher の活用（直説法現在）

Je me couche	Nous nous couchons
Tu te couches	Vous vous couchez
Il se couche	Ils se couchent
Elle se couche	Elles se couchent

・代名動詞とは，再帰代名詞(主語と同じものを指す)を伴って活用する動詞
・用法は以下の4種類
　再帰的用法(自分自身を〜する): Je me lève.（自分自身を起こす→ 起きる）
　相互的用法(互いに〜する): Ils s'aiment.（互いに愛し合っている）
　受動的用法(〜される): Cela ne se mange pas.（それは食べられない）
　本来的用法(熟語的表現): Je me souviens de lui.（彼のことを覚えている，se souvenir de 〜 は代名動詞でしか用いない表現）
・否定文　Je ne me couche pas.　命令文 Couchez-vous.

● 不規則動詞 devoir の活用（直説法現在）

Je dois	Nous devons
Tu dois	Vous devez
Il doit	Ils doivent
Elle doit	Elles doivent

● Il faut + 動詞の不定法（〜しなくてはならない）

・Il は非人称主語（「彼は」と訳さない）
　ex) Il faut aller à la poste.　郵便局に行かなくてはならない．
・Il faut＋名詞(〜が必要である)という表現もある．
　ex) Il faut un couteau.　ナイフが必要です．

● 直接補語人称代名詞

	単数	複数
1人称	me (m') 私を	nous 私たちを
2人称	te (t') 君を	vous あなた(たち)を
3人称	le (l') 彼を・それを	les 彼らを・それらを
	la (l') 彼女を・それを	les 彼女らを・それらを

・直接補語の代名詞は関係する**動詞の前**におく．

ただし肯定命令文では動詞と倒置する．否定文では ne を代名詞の前におく．
　　ex) J'aime mes parents. → Je **les** aime.
　　　　Il prend le métro. → Il **le** prend.
　　　　Écoute-**le**. Écoute-**moi**.（肯定命令文では me, te の代わりに moi, toi を用いる）
　　　　Je ne **l'**aime pas.

● 間接補語人称代名詞

	単数	複数
1人称	**me (m')** 私に	**nous** 私たちに
2人称	**te(t')** 君に	**vous** あなた(たち)に
3人称	**lui** 彼に	**leur** 彼らに
	lui 彼女に	**leur** 彼女らに

・間接補語(動詞とàを介して結ばれる補語)の代名詞は関係する**動詞の前**におく．
　ただし肯定命令文では動詞と倒置する．否定文では ne を代名詞の前におく．
　　ex) Je téléphone à mes parents. → Je **leur** téléphone.
　　　　J'écris à mes parents. → Je **leur** écris.
　　　　Téléphone-**lui**. Téléphone-**moi**.（肯定命令文では me, te の代わりに moi, toi を用いる）
　　　　Je ne **lui** téléphone pas.

Exercices
1. （　）内の代名動詞を適切な形に活用しなさい．
　1) Tu (se lever) à quelle heure ?
　2) Je ne (se souvenir) pas de son nom.
　3) Ils (se téléphoner) tous les jours.
　4) Marseille (se trouver) au sud de la France.
　5) On (se laver) les mains avant de manger.

2. （　）内に適切な直接補語人称代名詞を入れなさい．
　1) Il étudie le droit ? — Oui, il (　) étudie.
　2) Tu as mon adresse ? — Non, je ne (　) ai pas.
　3) Vous aidez vos amis ? — Oui, je (　) aide.
　4) Tu me prêtes ton dictionnaire ? — Oui, je te (　) prête.
　5) Tu regardes la télé ? — Non, je ne (　) regarde pas souvent.

3. （　）内に適切な間接補語人称代名詞を入れなさい．
　1) Tu écris souvent à tes grands-parents ? — Non, je ne (　) écris pas souvent.
　2) Elle dit bonjour à son voisin ? — Oui, elle (　) dit bonjour.
　3) Tu nous donnes quelque chose ? — Oui, je (　) donne 20 euros.
　4) Vous parlez au directeur ? — Non, nous ne (　) parlons pas.
　5) Ils téléphonent aux enfants ? — Oui, ils (　) téléphonent tous les jours.

Leçon 7

● **直説法複合過去**

> 助動詞（avoir または être）＋動詞の過去分詞

● **visiter の活用（直説法複合過去）**

J'	ai visité	Nous	avons visité
Tu	as visité	Vous	avez visité
Il	a visité	Ils	ont visité
Elle	a visité	Elles	ont visité

● **aller の活用（直説法複合過去）**

Je	suis allé(e)	Nous	sommes allé(e)s
Tu	es allé(e)	Vous	êtes allé(e)(s)
Il	est allé	Ils	sont allés
Elle	est allée	Elles	sont allées

・以下のような移動を表す自動詞の複合過去は助動詞に être を用いる．
　　aller, venir, partir, arriver, entrer, sortir, rester, rentrer, monter, descendre
・代名動詞の複合過去は助動詞に être を用いる．　Ex) Je me suis couché tôt hier.
・être を助動詞とする複合過去では過去分詞を主語に性数一致させる．
　　ex) Elle est arrivé**e** hier.　Ils sont parti**s** pour l'Europe.
・複合過去の否定文は助動詞を ne ～ pas ではさむ．
　　ex) Je **n'**ai **pas** mangé ce midi.　Il **n'**est **pas** venu.
・直接目的語が動詞過去分詞よりも前にあるとき，過去分詞をこれに性数一致させる．
　　ex) Tu as fini tes devoirs ? —Oui, je **les** ai fini**s**.

● **動詞の過去分詞形**

> **-er動詞の過去分詞**：-é　　manger → mangé
> **-ir動詞の過去分詞**：-i　　finir → fini
> **不規則動詞の過去分詞**：aller → allé　　venir → venu　　sortir → sorti　　être → été
> 　　　　　　　　　　　　avoir → eu（発音は[y]）　　faire → fait　　prendre → pris　　voir → vu

● **受動態**

> être＋動詞の過去分詞（＋ par... または de...）

・過去分詞を主語に性数一致させる。
　　ex) La table est fait**e** de bois.　テーブルは木で作られている．
　　　　Ils ont été puni**s**.　　　　彼らは罰せられた．
・動作主を示すには par... または de...（…によって）をつける．状態を表す動詞の受動態では par ではなく de を用いる場合が多い．
　　ex) Je suis invité **par** Valérie.　　　私はヴァレリーに招待されている．
　　　　Anne est aimée **de** tout le monde.　アンヌは皆に愛されている．

● **否定のヴァリエーション**

ne ～ plus	もはや～ない
ne ～ jamais	決して～ない
ne ～ rien	何も～ない
ne ～ personne	誰も～ない
ne ～ aucun(e) ...	どんな…も～ない
ne ～ que ...	…しか～ない

Elle **ne** l'aime **plus**.　　　　　彼女はもう彼を愛していない．
Il **n'**est **jamais** allé en France.　彼は一度もフランスに行ったことがない．
Je **ne** regrette **rien**.　　　　　私は何も後悔はしない．
Il **n'**y a **personne**.　　　　　誰もいない．
Vous **n'**avez **aucun** problème.　あなたには何も問題はない．
Je **n'**ai **que** 10 euros.　　　　私は10ユーロしか持っていない．

Exercices
1. (   )内の動詞を複合過去に活用させなさい．
   1) Il (venir) avec nous.
   2) Ils (trouver) facilement le restaurant.
   3) Elles (ne pas aller) au café.
   4) Je (se coucher) à neuf heures.
   5) Vous (ne pas prendre) votre passeport ?

2. 次の文を受動態に書き換えなさい．
   1) On parle l'espagnol au Mexique.
   2) Le chat mange la souris.
   3) Les étudiants ont fait ce gâteau.
   4) Tous les employés respectent ce patron.
   5) Tous les étudiants fréquentent ce café.

3. (   )内に次の選択肢の中から適切なものを入れなさい．
      jamais / personne / plus / que / rien
   1) Je suis allée à la fac mais je n'ai vu (   ).
   2) Il ne m'a (   ) dit.
   3) Elle ne peut (   ) marcher, elle est trop fatiguée.
   4) Je ne peux pas prendre d'alcool, je n'ai (   ) 17ans.
   5) Je n'ai (   ) mangé un dessert aussi sucré !

Leçon 8

● 直説法半過去

Je	parl**ais**	Nous	parl**ions**
Tu	parl**ais**	Vous	parl**iez**
Il	parl**ait**	Ils	parl**aient**
Elle	parl**ait**	Elles	parl**aient**

・語尾はすべての動詞に共通．語幹には直説法現在の nous の活用形から -ons を取った形を用いる．
   finir → nous finissons → je finissais
   (être だけは例外で語幹は ét- になる　J'étais fatigué hier.)
・用法1) 過去の継続している動作や状態
   ex) Quand je suis rentré, tu dormais.　　私が帰宅したとき君は眠っていた．
・用法2) 過去の習慣
   ex) J'allais souvent chez eux le week-end.　週末はよく彼らの家に行ったものだった．

● 使役動詞 faire と放任動詞 laisser

faire＋動詞の不定法（～させる）
laisser＋動詞の不定法（～させる，～させておく）

Je ne voulais pas partir, mais il m'a fait partir.　私は出掛けたくなかったが，彼は私を行かせた．
Je voulais partir, et il m'a laissé partir.　　私は出掛けたかった．彼は私を行かせてくれた．

● 関係代名詞

qui　：主格の関係代名詞
que　：目的格の関係代名詞
dont　：〈de ＋先行詞〉の関係代名詞
où　：場所・時の関係代名詞

- qui, que, dont の先行詞は人でも物でもよい．où の先行詞は場所または時をあらわす語．
  Tu connais le garçon **qui** est avec elle ? 彼女と一緒にいる男の子を知っている?
  Il prend l'avion **qui** part à 10 heures. 彼は10時に出発する飛行機に乗ります．
  C'est un étudiant **que** je connais bien. これは私がよく知っている学生です．
  La robe **qu'**elle porte est très jolie. 彼女が着ているワンピース，とてもきれいね．
  J'ai un ami **dont** le père est professeur de français. 私にはお父さんがフランス語教師の友人がいる．
  J'ai vu le film **dont** on parle beaucoup. 話題の(人々がよく話している)映画を見た．(parler de… …について話す)
  C'est la ville **où** il est né. それは彼が生まれた街です．
  C'est le jour **où** nous nous sommes rencontrés. それは私たちが出会った日です．

Exercices

1. ( )内の動詞を半過去に活用させなさい．
   1) Je (prendre) mon bain quand il m'a téléphoné.
   2) L'année dernière, j'(habiter) chez mes parents.
   3) Elle (travailler) dans un café.
   4) Quand je l'ai vu, il (être) occupé.
   5) Autrefois, il y (avoir) un grand bâtiment ici.

2. 次の単語を並べ替え，日本語に合う文を作りなさい．
   1) - / partir / moi / Laissez / ! 　私を行かせてください．
   2) le / chef / Mon / me / travailler / dimanche / fait /. 　上司は私を日曜に働かせる．
   3) fait / C'est / venir / qui / m'a / lui /. 　彼が私を来させたのです．
   4) une / croire / a / nous / invraisemblable / fait / Il / histoire /. 　彼は私たちにありえない話を信じさせた．
   5) la / enfants / télé / Michelle / ses / regarder / laisse /. 　ミシェルは子供たちにテレビを見せている．

3. ( )に適切な関係代名詞を入れなさい．
   1) C'est le magasin ( ) j'ai acheté ce T-shirt.
   2) Il a un ordinateur ( ) est très rapide.
   3) Le film ( ) je viens de voir est intéressant.
   4) Regardez la dame ( ) est devant la porte.
   5) Ce sont les livres ( ) j'ai besoin.

Leçon 9

● 直説法単純未来

Je	passe**rai**	Nous	passe**rons**
Tu	passe**ras**	Vous	passe**rez**
Il	passe**ra**	Ils	passe**ront**
Elle	passe**ra**	Elles	passe**ront**

- 語尾はすべての動詞に共通．-er 動詞と -ir 動詞では語幹は不定詞と同じ．
- その他の動詞の語幹
  　　être → je serai　　avoir → j'aurai　　aller → j'irai　　venir → je viendrai
  　　faire → je ferai　　prendre → je prendrai　　voir → je verrai
- 用法1)未来に予想される事柄
  　　ex) Il réussira aux examens. 彼は試験に受かるだろう．
- 用法2)話し手の意志
  　　ex) Je ferai tous mes efforts. できるだけの努力をするつもりだ．
- 用法3)2人称で軽い命令
  　　ex) Tu me téléphoneras demain. 明日電話してね．

● ジェロンディフ

en＋動詞の現在分詞（-ant）

- 同時性（〜しながら）・条件（〜すれば）・理由（〜なので）などを表す.
- ジェロンディフの前に tout をおいて同時性を強調することができる.

ex) Il travaille (tout) en regardant la télévision.　彼はテレビを見ながら勉強する.
En prenant le métro, on arrivera à l'heure.　地下鉄に乗れば時間につくだろう.

● 現在分詞

- 直説法現在1人称複数（nous）の活用語尾 -ons を -ant に変えた形.

chanter → nous chantons → chantant

- ただし，être の現在分詞 étant, avoir の現在分詞 ayant は例外.

● 中性代名詞 y, en, le

y：〈à＋名詞〉に代わる，または〈場所を表す前置詞＋名詞〉に代わる

Vous allez à Montréal cet été ? — Oui, j'y vais. (y = à Montréal)
あなたはこの夏モントリオールに行きますか? — はい,そこへ行きます.

Vous pensez à votre examen ? — Oui, j'y pense. (y = à mon examen)
あなたは試験のことを考えていますか? — はい,それについて考えています.

Ils sont dans la cuisine ? — Oui, ils y sont. (y = dans la cuisine)
彼らは台所にいますか? — はい,そこにいます.

en：〈de＋名詞〉に代わる，または不定冠詞・部分冠詞や数量表現のついた名詞に代わる

Vous parlez de votre projet ? — Oui, j'en parle. (en = de mon projet)
あなたは計画について話しますか? — はい,それについて話します.

Vous avez des livres ? — Oui, j'en ai. (en = des livres)
あなたは本を持っていますか. — はい, 持っています.

Vous prenez combien de pommes ? — J'en prends quatre. (en = pommes)
りんごをいくつお持ちになりますか. — 4個いただきます.

le：属詞形容詞に代わる，または不定詞や節に代わる

Vous êtes content ? — Oui, je le suis. (le = content) あなたは満足ですか. — はい, そうです.

Vous savez que Paul a déménagé ? — Oui, je le sais. (le = que Paul a déménagé)
あなたはポールが引っ越したことを知っていますか. — はい, 知っています.

Exercices

1. ( )内の動詞を単純未来に活用させなさい.
   1) Au Maroc, on (visiter) Casablanca.
   2) Nous (être) à Dakar la semaine prochaine.
   3) Il (faire) beau demain.
   4) Elle (avoir) 30 ans après-demain.
   5) Il (venir) me voir ce soir.

2. 中性代名詞 en, y, le を用いて Oui... と答えなさい.
   1) Vous venez du Japon ?
   2) Tu es content de ta voiture ?
   3) Vous êtes allé au Mont Saint-Michel ?
   4) Ils mangent du fromage ?
   5) Elle sait qu'il est malade ?

3. ( )内の動詞をジェロンディフにかえ, 文を完成させなさい.
   1) (chercher), on trouve.

2) (rentrer) de vacances, nous sommes passés à Chartres.
3) (prendre) ce train, tu peux aller à Moncton.
4) Il voyage (faire) de l'auto-stop.
5) Pierre travaille (penser) à sa femme.

Leçon 10

● 条件法

条件法現在の活用

Je	passe**rais**	Nous	passe**rions**
Tu	passe**rais**	Vous	passe**riez**
Il	passe**rait**	Ils	passe**raient**
Elle	passe**rait**	Elles	passe**raient**

・語尾はすべての動詞に共通(半過去の語尾と同じ). 語幹は単純未来と同じ.
・用法1) 語気緩和(ていねいな表現)

　　ex) Je voudrais un café.　　　　　　コーヒーをいただきたいのですが.
　　　　J'aimerais parler à Monsieur Gallant. ガランさんとお話したいのですが.
　　　　Pourriez-vous me passer le sel ?　お塩をとっていただけますか？

・用法2) 現在の事実に反する仮定に対する結果の節のなかで用いる(次項参照).

● 未来についての仮定と現在の事実に反する仮定

| **Si＋直説法現在, 未来**　　　　未来についての仮定(もし〜なら…だろう) |
| **Si＋直説法半過去, 条件法現在**　現在の事実に反する仮定(もし〜だったら…なのに) |

S'il fait beau demain, on ira à la campagne.　明日晴れたら田舎へ行こう.
Si j'étais riche, j'achèterais ce château.　私が金持ちならあの城を買うのに.

● 接続法

接続法現在の活用

que je	rentr**e**	que nous	rentr**ions**
que tu	rentr**es**	que vous	rentr**iez**
qu'il	rentr**e**	qu'ils	rentr**ent**
qu'elle	rentr**e**	qu'elles	rentr**ent**

être の接続法現在　　　　　　　　　avoir の接続法現在

que je	**sois**	que nous	**soyons**		que j'	**aie**	que nous	**ayons**
que tu	**sois**	que vous	**soyez**		que tu	**aies**	que vous	**ayez**
qu'il	**soit**	qu'ils	**soient**		qu'il	**ait**	qu'ils	**aient**
qu'elle	**soit**	qu'elles	**soient**		qu'elle	**ait**	qu'elles	**aient**

・語尾はすべての動詞に共通. être, avoir は例外で特別な活用をする.
・語幹は原則として，直説法現在3人称複数の語幹と共通.
・ただし特殊な語幹をもつ動詞もある.

　　aller → que j'aille　　　　venir → que je vienne　　　faire → que je fasse
　　prendre → que je prenne　　voir → que je voie　　　　pouvoir → que je puisse

・接続法はおもに従属節中で用いられ, 話者が主観的に考えたことを表現する(cf. 直説法は事実の客観的叙述).
・次のような願望, 感情, 義務, 疑惑などの表現で接続法が用いられる.

　　Je veux que tu viennes avec moi.　　あなたに一緒に来て欲しい.
　　Je suis heureux que nous soyons ensemble.　一緒にいられて嬉しい.
　　Il faut que tu fasses tes devoirs.　あなたは宿題をしなくてはなりません.

・次のような副詞節のなかで接続法が用いられる.
　　pour que…(目的：〜が〜するために)　**bien que**…(譲歩：〜は〜だが)　**avant que**…(時：〜が〜する前に)

Expliquez la situation **pour qu**'ils comprenne.	彼らが理解できるよう状況を説明してください.
Bien qu'il mange beaucoup, il ne grossit pas.	彼はたくさん食べるのに太らない.
Rentrons **avant qu**'il fasse nuit.	夜になる前に帰りましょう.

● 感嘆文

Comme＋文！
Que＋文！（または Qu'est-ce que＋文！）
Quel(le)(s)＋名詞！

Comme elle est belle !	彼女はなんて美しいのでしょう！
Qu'il fait chaud !	なんて暑いんだ！
Quelle chance !	なんという幸運！

Exercices --

1.（　　）内の動詞を条件法現在に活用させなさい.

1）　J'(aimer) parler à Monsieur Lascar.

2）　S'il ne pleuvait pas, on (sortir).

3）　(pouvoir)-vous venir ici, s'il vous plaît ?

4）　Sans ses voisins, il (être) plus tranquille.

5）　Tu (devoir) aller voir le directeur.

2. 左右の節を結び適切な文にしなさい.

1）	Si je pars maintenant,	je ne serais pas en retard.
2）	Si j'étais célèbre,	j'achèterai une grande maison.
3）	S'il faisait beau,	j'arriverai là-bas avant cinq heures.
4）	Si je gagne au loto,	j'irais à la plage.
5）	Si j'étais parti plus tôt,	je ne serais jamais tranquille.

3.（　　）内の動詞を接続法現在に活用させなさい.

1）　Il faut que tu (faire) du sport.

2）　Je suis heureux que tu (venir).

3）　Il donne du temps à l'étudiant pour qu'il (finir) son exercice.

4）　C'est dommage que vous ne (pouvoir) pas venir.

5）　J'ai peur qu'on (être) en retard.

65

語彙・表現のまとめ

1. 数

1 数（1—20）

1 un	2 deux	3 trois	4 quatre	5 cinq
6 six	7 sept	8 huit	9 neuf	10 dix
11 onze	12 douze	13 treize	14 quatorze	15 quinze
16 seize	17 dix-sept	18 dix-huit	19 dix-neuf	20 vingt

- 数字の後に母音や無音のhがくると，リエゾンやアンシェヌマンが起こる．
    - ex) trois oranges [tʀwa zɔʀɑ̃ʒ]　sept arbres [sɛtaʀbʀ]
    - neuf ans [nœ vɑ̃] (neuf のリエゾンで f は[v]と発音する)
- 数字の後に子音字ではじまる単語が来ると six, huit, dix の最後の子音は発音されない．
    - ex) dix garçons [di gaʀsɔ̃]　huit voitures [ɥi vwatyʀ]

2 数（20—60）

20 vingt		
21 vingt et un	22 vingt-deux	23 vingt-trois
24 vingt-quatre	25 vingt-cinq	26 vingt-six
27 vingt-sept	28 vingt-huit	29 vingt-neuf
30 trente　40 quarante　50 cinquante　60 soixante		

- 20台から60台は vingt, trente などのあとに1〜9の数字を加えて表す．

3 数（61—100）

60 soixante	61 soixante et un	62 soixante-deux	…
69 soixante-neuf			
70 soixante-dix	71 soixante et onze	72 soixante-douze	…
79 soixante-dix-neuf			
80 quatre-vingts	81 quatre-vingt-un	82 quatre-vingt-deux	…
89 quatre-vingt-neuf			
90 quatre-vingt-dix	91 quatre-vingt-onze	92 quatre-vingt-douze	…
99 quatre-vingt-dix-neuf			
100 cent			

- 60台と80台は，soixante, quatre-vingt のあとに1〜9の数字を加えて表す
  （quatre-vingt のあとに数がつくときには vingt に s をつけない）．
- 70台と90台は soixante, quatre-vingt のあとに10〜19の数字を加えて表す．

4 数（100より大きい数）

101 cent un　200 deux cents　201 deux cent un
1 000 mille　2 000 deux mille　10 000 dix mille　100 000 cent mille
1 000 000 un million　1 000 000 000 un milliard

- 200〜900は cent に s をつけるが10の位以下に端数がつくと s をつけない．
- mille は複数でも s をつけない．

5 序数詞

1er (1ère) premier (première)
2e deuxième または second(e)
3e troisième　4e quatrième　…　21e vingt-et-unième　…

- 3e 以降は基数詞に -ième をつける．
- 基数詞が e で終わるときはこれを省いて -ième をつける．11 onze→ 11e onzième

66

2. 日、月、曜日

1 日付の表し方と読み方（月の名は下を参照）

le 20 mai 1965 （le vingt mai mille neuf cent soixante-cinq）　1965年5月20日
- 日付けには定冠詞 le をつける．日‐月‐年の順．
- 日は基数で表すが，1日だけは序数(premier)を使う．le 1er octobre

2 日にちを尋ねる／言う

| Nous sommes le combien aujourd'hui ? | 今日は何日ですか． |
| Nous sommes le 14. | 今日は14日です． |

3 月の名

| janvier 1月 | février 2月 | mars 3月 | avril 4月 | mai 5月 | juin 6月 | juillet 7月 |
| août 8月 | septembre 9月 | octobre 10月 | novembre 11月 | décembre 12月 |

4 曜日

lundi 月曜日　　mardi 火曜日　　mercredi 水曜日　　jeudi 木曜日
vendredi 金曜日　　samedi 土曜日　　dimanche 日曜日

5 曜日を尋ねる／言う

Nous sommes quel jour aujourd'hui ?　今日は何曜日ですか．
Nous sommes lundi.　　　　　今日は月曜です．

3. 時刻

1 時刻

une heure	deux heures	trois heures	quatre heures
cinq heures	six heures	sept heures	huit heures
neuf heures	dix heures	onze heures	douze heures / midi(正午)/ minuit(真夜中)

2 分の単位の言い方

sept heures dix　　7時10分
sept heures quinze ／ sept heures et quart　　7時15分
sept heures trente ／ sept heures et demie　　7時30分・7時半
sept heures quarante ／ huit heures moins vingt　　7時40分・8時20分前
sept heures quarante-cinq ／ huit heures moins le quart　　7時45分・8時15分前

3 時刻を尋ねる／言う

Quelle heure est-il ?　　何時ですか
Il est huit heures cinq.　　8時5分です

4. 時の表現

m. は男性名詞，*f.* は女性名詞を表す．

1 時の表現1

matin (*m.* 朝), midi (*m.* 正午), après-midi (*m.* 午後), soir (*m.* 夕方・夜), nuit (*f.* 夜)

2 時の表現2

aujourd'hui (今日), hier (昨日), avant-hier (一昨日), demain (明日), après-demain (明後日)

3 季節の表現

> au printemps (*m.* 春に), en été (*m.* 夏に), en automne (*m.* 秋に), en hiver (*m.* 冬に)

5.名詞

m. は男性名詞, *f.* は女性名詞を表す.

1 場所をあらわす名詞

> aéroport (*m.* 空港), avenue (*f.* 大通り), banque (*f.* 銀行), bibliothèque (*f.* 図書館), boutique (*f.* 店)
> café (*m.* カフェ), château (*m.* 城), cinéma (*m.* 映画館), école (*f.* 学校), église (*f.* 教会), gare (*f.* 駅)
> hôpital (*m.* 病院), hôtel (*m.* ホテル), magasin (*m.* 店), maison (*m.* 家), marché (*m.* 市場)
> monument (*m.* 記念物), musée (*m.* 美術館), parc (*m.* 公園), piscine (*f.* プール), place (*f.* 広場)
> poste (*f.* 郵便局), restaurant (*m.* レストラン), station de métro (*f.* 地下鉄の駅), stade (*m.* スタジアム)
> supermarché (*m.* スーパーマーケット), théâtre (*m.* 劇場), tour (*f.* 塔), université (*f.* 大学), usine (*f.* 工場),
> ville (*f.* 街)

2 職業をあらわす名詞

> acteur/actrice (俳優・女優), artiste (アーチスト), avocat (弁護士), chanteur/chanteuse (歌手)
> chômeur/chômeuse (失業者), employé(e) (従業員, 社員), homme politique/femme politique (政治家)
> homme d'affaire/femme d'affaire (ビジネスマン), infirmier/infirmière (看護士)
> informaticien/informaticienne (コンピュータ技師), journaliste (ジャーナリスト), médecin (医師)
> musicien/musicienne (音楽家), professeur (教師), secrétaire (秘書), vendeur/vendeuse (販売員)
> *男性形・女性形の区別に気をつけよう. 医師, 弁護士, 教師などは女性にも男性形を使う.

3 持ち物をあらわす名詞

> appareil photo (*m.* カメラ), cahier (*m.* ノート), clé (*f.* 鍵), dictionnaire (*m.* 辞書), montre (*f.* 腕時計)
> ordinateur (*m.* コンピュータ), photo (*f.* 写真), portable (*m.* 携帯電話), sac (*m.* カバン), stylo (*m.* ペン)
> vélo (*m.* 自転車), voiture(*f.* 車)

4 家族をあらわす名詞

> famille (*f.* 家族), frère (*m.* 兄弟), sœur (*f.* 姉妹), père (*m.* 父), mère (*f.* 母), grand-père (*m.* 祖父)
> grand-mère (*f.* 祖母), tante (*f.* 叔母), oncle (*m.* 叔父), cousin (*m.* 従兄弟), cousine (*f.* 従姉妹)

5 学科, 専門分野

> le droit (*m.* 法律), l'économie (*f.* 経済), la géographie (*f.* 地理), l'histoire (*f.* 歴史)
> l'informatique (*f.* 情報科学), la linguistique (*f.* 言語学), la littérature (*f.* 文学)
> les mathématiques (*f.* 数学), la médecine (*f.* 医学), les médias (*m.* マスメディア), la philosophie (*f.* 哲学)
> la physique (*f.* 物理学), les sciences (*f.* 科学), la sociologie (*f.* 社会学), la technologie (*f.* 工学)

6 趣味を語るための名詞

> le cinéma (*m.* 映画), la cuisine (*f.* 料理), la lecture (*f.* 読書), la musique (*f.* 音楽), la peinture (*f.* 絵画)
> la photo (*f.* 写真), le sport (*m.* スポーツ), le théâtre (*m.* 演劇), le shopping (*m.* 買い物)
> le vélo (*m.* サイクリング)

7 飲み物

> café (*m.* コーヒー), thé (*m.* 紅茶), jus d'orange (*m.* オレンジジュース), coca (*m.* コーラ), vin (*m.* ワイン)
> bière (*f.* ビール), eau (*f.* 水), eau minérale (*f.* ミネラルウォーター), lait (*m.* 牛乳)

8 食べ物

> fraise (*f.* イチゴ), orange (*f.* オレンジ), pomme (*f.* りんご), pomme de terre (*f.* じゃがいも)
> yaourt (*m.* ヨーグルト), fromage (*m.* チーズ), jambon (*m.* ハム), viande (*f.* 肉), poivre (*m.* 胡椒)

sel (*m.* 塩), sucre (*m.* 砂糖), beurre (*m.* バター), pain (*m.* パン), riz (*m.* 米), sandwich (*m.* サンドイッチ)

pizza (*f.* ピザ), quiche (*f.* キッシュ), salade (*f.* サラダ), tarte (*f.* タルト), gâteau (*m.* ケーキ)

crêpe (*f.* クレープ), glace (*f.* アイスクリーム), chocolat (*m.* チョコレート)

6.形容詞

1 国籍

japonais / japonaise (日本人), français / française (フランス人)

américain / américaine (アメリカ人), anglais / anglaise (イギリス人)

italien / italienne (イタリア人), espagnol / espagnole (スペイン人)

chinois / chinoise (中国人), coréen / coréenne (韓国人), russe* / russe (ロシア人)

*男性形が e で終わっている語は，女性形も同形.

2 人の身体的特徴や性格をあらわす形容詞

beau(belle) (美しい, ハンサムな), joli(e) (綺麗な, かわいい), moche (醜い, ぱっとしない)

grand(e) (大きい, 背が高い), petit(e) (小さい, 背が低い), gros(se) (太った), mince (ほっそりした)

maigre (やせた), gentil(le) (親切な), méchant(e) (意地悪な), sympathique (sympa*) (感じがよい)

drôle (愉快な), intelligent(e) (頭がよい), sérieux(sérieuse) (真面目な), timide (恥ずかしがりやの)

bavard(e) (おしゃべりな), calme (静かな)

*sympathique は sympa と省略して用いることが多い.

3 感想を述べるための形容詞

amusant (おもしろい), agréable (快い), bizarre (奇妙な), bon (良い, おいしい), difficile (難しい)

dur (つらい, 大変な), ennuyeux (つまらない), excellent (すばらしい), facile (簡単な), important (重要な)

intéressant (興味深い), magnifique (すばらしい), mauvais (悪い, まずい), triste (悲しい)

7.動詞

1 よく使う基本的なer動詞

acheter (買う), arriver (到着する), chanter (歌う), chercher (探す), danser (踊る), demander (尋ねる)

donner (与える), écouter (聞く), étudier (学ぶ), habiter (住んでいる), manger (食べる), marcher (歩く)

montrer (見せる), parler (話す), regarder (見る), rencontrer (出会う), rentrer (帰る), rester (とどまる)

travailler (働く), trouver (見つける)

2 よく使う基本的なir動詞

choisir (選ぶ), finir (終える, 終わる), grossir (太る), maigrir (やせる), réussir (成功する)

3 日常生活でよく使われる代名動詞

se réveiller (目覚める), se lever (起きる), se coucher (寝る), s'habiller (服を着る)

se déshabiller (服を脱ぐ), se promener (散歩する), se reposer (休む)

se laver(＋目的語) (〈自分の〉〜を洗う), se brosser(＋目的語) (〈自分の〉〜を磨く)

s'intéresser à 〜 (〜に興味がある), se souvenir de 〜 (〜を思い出す)

4 よく使う基本の不規則動詞

aller (行く), venir (来る), sortir (外出する), partir (出発する), prendre (とる, 食べる, 飲む, 乗る)

faire (する, 作る), voir (見る, 会う), lire (読む), écrire (書く), dormir (眠る), pouvoir (〜できる)

devoir (〜しなくてはならない), vouloir (欲しい, 〜したい), savoir (知っている), connaître (知っている)

つづりと発音

1 母音

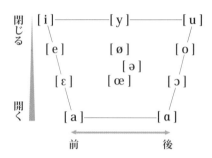

つづり字	発音	例
a, à, â	[a]	ami, à, âge
é, e	[e]	été, chez
è, ê, ei, ai, e	[ɛ]	père, être, Seine, japonais, mer
i, î, y	[i]	Italie, île, stylo
o, ô	[o]	moto, hôpital
au, eau	[ɔ]	aussi, beaucoup
u, û	[y]	numéro, flûte
ou, où, oû	[u]	jour, où, août
eu, œu	[ø]	bleu, vœu
eu, œu	[œ]	heure, sœur
e	[ə]	Je, fenêtre
oi, oî	[wa]	moi, bonsoir, boîte

- [e](狭いエ)と[ɛ](広いエ)、[o](狭いオ)と[ɔ](広いオ),[ø](狭いう)と[œ](広いう)の違いは最初はとくに区別しなくても大丈夫です.

- e の綴り字は、エ([e] または [ɛ])と発音する場合、軽くう([ə])と発音する場合，まったく発音しない場合があります．単語の最後の e は発音しないと覚えましょう.
  例) francophonie [fRɑ̃kɔfɔni] , police [pɔlis]

- 母音字 +y のとき, y=i+i と考えます.
  例) pays=pai+is → ペイ[pei]　crayon=crai+ion → クレヨン[kRɛjɔ̃]

- トレマ (¨)：複母音字を切り離して発音させるための記号です．例えば ai は「エ」と読みますが，aï は「アイ」と読みます．Noël は「ノエル」と発音します．

2 鼻母音

鼻母音とは鼻腔に響かせて発音する母音です．
3種類の鼻母音を区別しましょう！
　［ɑ̃］＝アの口で鼻腔に響かせる
　［ɛ̃］＝エまたはイの口で鼻腔に響かせる
　［ɔ̃］＝オの口で鼻腔に響かせる

つづり字	発音	例
an, am	[ɑ̃]	dans, jambe
en, em	[ɑ̃]	prendre, ensemble
in, im	[ɛ̃]	Inde, impression
yn, ym	[ɛ̃]	syndrome, symbole
ain, aim	[ɛ̃]	pain, faim
ein, eim	[ɛ̃]	plein, Reims
un, um	[ɛ̃]（[œ̃]）	lundi, parfum
on, om	[ɔ̃]	blond, nom

ただし n, m のあとに母音字があるときには鼻母音になりません．
　例）animal [animal]　image [imaʒ]

〈母音字＋mm〉または nn のとき、鼻母音にはなりません．
　例）pomme [pɔm]　année [ane]

その他の鼻母音
つづり字	発音	例
ien	[jɛ̃]	bien
oin	[wɛ̃]	point

3 半母音

〈i, u, ou＋母音字〉は一息に発音します（2拍にならないように）．
　〈i＋母音字〉　　　　[i]→[j]　　　piano [pjano]
　〈u＋母音字〉　　　　[y]→[ɥ]　　　lui [lɥi]
　〈ou＋母音字〉　　　 [u]→[w]　　　oui [wi]
　〈母音字＋il(l)〉～ィユ[j]
　　例）travail [tʀavaj] , soleil [sɔlɛj] , famille [famij] , juillet [ʒɥjɛ]

4 子音

- 語末の子音字は原則として発音しません．が，c, r, f, l は語末でも発音されることが多いので <u>c</u> a <u>r</u> e <u>f</u> u <u>l</u>（=注意）と覚えましょう．例）avec [avɛk], mer [mɛʀ], chef [ʃɛf], animal [animal]

- 同じ子音が2つ続く場合（2重子音字），原則として1つ分しか発音しません．
  例）allemand [almɑ̃] , arriver [aʀive]

注意すべき子音字

h	発音しない　th [t], rh [ʀ]	thé, Rhône
r	[ʀ] 喉奥をふるわせる音	père, roman
s	通常は [s]，母音字にはさまれた s は [z]	ski, Suisse / oiseau
ti	通常は [ti], tion は [sjɔ̃]	timide, article / station
b	通常は [b], c, s, t の前では [p]	bus, tableau / absent
x	通常は [ks], ただし ex＋母音字のときは [egz]	extérieur, taxi / exemple
qu	2文字で [k]	question, classique
gu	2文字で [g]	guitare, langue
ch	通常 [ʃ], 例外で [k]	chat, dimanche / orchestre, technique
gn	[ɲ]	espagnol, Champagne
ph	[f]	pharmacie, philosophe
ca	[ka], cu [ky], co [ko]	caméra, caisse, cuisine, encore
ça	[sa], çu [sy], ço [so]	Ça va, français, reçu, garçon
ce	[s] 又は [se]	France, C'est ...
ci, cy	[si]	cinéma, cycle
c+子音字	[k]	crise, sacré
ga	[ga], gu [gy], go [go]	gare, golf, aigu
geo	[ʒo]	Georges
ja	[ʒa], ju [ʒy], jo [ʒo]	janvier, judo, joli
g+母音字	[ʒ]	ange, général, Gilles, Egypte
g+子音字	[g]	grand, Hongrie

5 音のつながり

フランス語では母音の連続を嫌うため，子音と母音をつなげて発音する以下のような現象が起こります．

リエゾン (liaison)

単語の最後の通常は発音されない子音字が、次にくる語の最初の母音とつなげて発音されること．

　　vous‿êtes　　un‿ami　　les‿amis　　grand‿arbre　　sans‿argent　　je les‿aime

- ■ リエゾンしなくてはならない場所（義務）
　　　　　主語代名詞＋動詞　　冠詞＋名詞　　前置形容詞＋名詞　　前置詞＋冠詞（または名詞）
　　　　　前置詞＋冠詞（または名詞）　　目的語代名詞＋動詞
- ■ リエゾンしてはならない場所（禁止）
　　　　　普通名詞主語＋動詞　　固有名詞主語＋動詞　　単数名詞＋後置形容詞
　　　　　接続詞 et の後　　有音の h の前

アンシェヌマン (enchaînement)

単語の最後の発音される子音字が、次にくる語の最初の母音とつなげて発音されること。

　　il⌢est　　une⌢école　　cinq⌢enfants

エリジョン (élision)

je, le, la, ce, que, si などの1音節の語のあとに，母音または無音の h で始まる単語がくるときには，2語をアポストロフ (apostrophe) 記号 ' で結びます．

　　je aime → j'aime　　le homme → l'homme

73

フランコフォニー解説

Leçon 1　世界のフランス語圏

世界のフランス語人口

　フランコフォニー国際機関の 2018 年の統計によれば，世界のフランス語人口は合計約 3 億人に上ります．フランスの人口は約 6000 万人ですから，フランス語はフランス以外においてはるかに多くの人々に話されていることがわかります．実際，フランス語は世界の 50 カ国以上で話され，29 カ国の公用語となっています．ヨーロッパ（7000 万人）やカナダ（650 万人）には母語としてフランス語を話す人々がいます．サハラ以南アフリカやマグレブではフランス語は第二言語として用いられています．そのほか，カリブ海，インド洋，中近東，南太平洋，インドシナと，フランス語話者はまさに世界中に広がっているのです（巻末の表を参照してください）．

フランス語の起源と普及

　フランス語は，現在のフランスにあたる地域に住んでいたケルト系のガリア人が，ローマ帝国の支配を受け，俗ラテン語（ローマ帝国における民衆の話し言葉）を話すようになってできた言語で，スペイン語，イタリア語などと同じロマンス語系の言語です．フランス語はルネッサンス期に大いに語彙を増やし，17 世紀以降には語彙や文法体系の整備が進みました．そして大航海時代以降のフランスの海外進出に伴い，フランス語は世界中へ普及することとなりました．まずは第 1 期の海外進出（16 ～ 17 世紀）によって，インド，カリブ海地域，北米がフランス植民地となりました．第 2 期（19 世紀後半～ 20 世紀前半）には，北アフリカ，西アフリカ，インド洋，太平洋の島々，インドシナがフランスの支配下に入りました．これらの大半はすでに独立を果たしましたが，フランス語は現地の生活や文化のなかに根付き，現在でもさまざまな形で用いられています．

国際共通語としてのフランス語

　また，フランス語は 17 世紀から 20 世紀はじめまで，国際的な共通語として，欧州を中心に広く用いられていました．この時期，欧州各国の宮廷や貴族は皆フランス語を話し，フランス語ができることは知識と階級の証しでした．第 1 次大戦終結時のヴェルサイユ条約までは国際法や国際条約はすべてフランス語で書かれるのが常でした．その後，急速に英語にその地位を奪われましたが，現在でもフランス語は英語に次ぐ第二外国語として世界中で広く学ばれていますし，国際連合や国際オリンピック委員会などの国際機関で公用語や作業言語として用いられています．

　フランス語は今日でも教養語として世界中で高い人気を博し，世界中では 8000 万人，日本では約 22 万人が大学や高校，語学学校などでフランス語を学んでいます．フランス語によってアクセスできる文化資源の豊かさが，今日もこの言語を学ぶ大きな魅力となっているのです．また，国際機関での活躍を目指す人やアフリカなど途上国でのボランティアを志す人にとって，フランス語はコミュニケーション手段として必須の言語でもあります．

Leçon 2　フランスの言語

フランスの言語 ＝ フランス語？

　フランス語がフランスの言語となったのは，1539 年，フランソワ 1 世のヴィレール・コトレの勅令によってであると言われています．この勅令により，それまで用いられていたラテン語に替わり，フランス語を法律文書に使用することが定められ，これがフランスにおける公用語としてのフランス語の起源となりました．1635 年にはアカデミー・フランセーズが創設され，辞典や文法書の編纂を通じて，フランス語の純化・洗練が進められました．

　こうして，フランス語を媒介とした中央集権国家の建設が進められましたが，フランス語はまだ全ての国民が話す言語ではありませんでした．フランス革命期の調査によれば，当時 2800 万人の人口のうち，フランス語を正確に話すことができたのは 300 万人だけだったそうです．他の人々はそれぞれの地域の言語を話していました．しかし 19 世紀後半には，教育とメディアの発達によりフランス語が普及し，「フランス語を話す者がフランス人である」という了解が形成されていきました．

憲法上の規定：フランス語を守る

　フランス共和国憲法第 2 条には「フランス共和国の言語はフランス語である」と明記されていますが，実はこの条文は 1992 年に追加されたものです．それまでは（日本における日本語の場合と同様）あえて憲法に記す必要がなかったこ

の一文が, この時期に加えられた背景には何があったのでしょうか. この年はマーストリヒト条約が調印され, 欧州連合 (EU) の発足が決まった年です. つまり, 統合が進む欧州のなかでフランスという国のアイデンティティを確認するために, 憲法に言語についての規定を行うことが必要とされたのでした.

さらに 1994 年には「フランス語の使用に関する法律」(通称トゥーボン法) によって公共の場でのフランス語使用が原則として義務づけられました. 英語など外国語の侵略からフランス語を守ることを目的としたものです.

地域言語

1999 年の調査によれば, フランス (海外領土を含む) には 75 もの言語が存在するそうです. その多くがフランス周辺部で話される「地域言語」と呼ばれるものです. これらの言語は, 「方言」とは異なり独自の言語としての地位と特徴を持っています.

フランス本土内で話される主な地域言語のうち, もっとも話者数の多いのは南仏のオック語 (オクシタン語) で約 600 万人に上ります. スペインとの国境地域ではカタルーニャ語とバスク語, コルシカ島ではイタリア語系のコルシカ語, ドイツ国境近くではドイツ語系のアルザス語, ベルギーとの国境地域ではオランダ語系のフラマン語, ブルターニュ半島ではケルト系のブルトン語 (ブレイス語) がそれぞれ話されています.

19 世紀後半以降, 義務教育の普及によりフランス語の使用が徹底されるとともに, 地域言語は禁止, 抑圧され, 話し手の数も減少を続けてきました. しかし, 20 世紀後半にはこれらの言語の復権が起こり, ブルトン語, オック語などの学校教育が認められるようになりました (ディクソンヌ法).

移民の言語

フランスは, 4 人に 1 人が両親または祖父母のいずれかに外国人を持つという移民大国です. フランスの外国人でもっとも多いのがポルトガル人とアルジェリア人で, モロッコ, イタリア, スペイン, チュニジア, トルコ, アフリカ諸国からの出身者がこれに続きます. パリなどの大都市圏では, さまざまな民族や人種が混在し, フランス語が共通言語として用いられる一方, 他の言語も併用される多言語社会が形成されています.

Leçon 3　ヨーロッパのフランス語圏

フランス語はベルギー, スイス, ルクセンブルク, モナコの公用語です. またアンドラやイタリア, ドイツの一部にもフランス語話者が住んでいます. これらの国で話されるフランス語は, フランスの標準フランス語とほぼ同じですが, 発音や語彙に多少の差が見られます.

ベルギー

ベルギーの公用語は, フランス語, オランダ語, ドイツ語の 3 つですが, 地域によって使用される言語が異なります. 北部のフランデレン地域 (フランス語ではフランドル地域と言います) ではオランダ語 (フラマン語), 南部のワロン地域ではフランス語, 東部のドイツ国境地帯ではドイツ語が話されます. 全人口 (約 1000 万) に占める割合は, オランダ語系が 60%, フランス語系が 40%, ドイツ語系が 1% 未満です. 首都ブリュッセルは, 地理的には北部のフランデレン地域内にありますが, フランス語とオランダ語の二言語使用地域と定められており, 実際にはフランス語系住民が 9 割を占める言語的な飛び地となっています. オランダ語系住民とフランス語系住民の間には言語戦争と呼ばれる激しい対立が続き, 国家は分裂の危機にさらされています.

ルクセンブルク

ルクセンブルクはベルギー・フランス・ドイツの 3 国に囲まれた小さな国 (人口 45 万) で, 金融業が盛んで, 1 人あたり GDP が世界一の豊かな国として知られています. 公用語はフランス語, ドイツ語, ルクセンブルク語で, 地域の差なくほぼ全国民が三言語使用者 (トリリンガル) です. 家庭内ではドイツ語に似た地元の言葉ルクセンブルク語が使われますが, 法律などの公文書はすべてフランス語で作成され, 議会でもフランス語が優先して用いられています. 街中の標識もすべてフランス語です.

スイス

スイスはドイツ語, フランス語, イタリア語, ロマンシュ語の 4 言語が並存する多言語国家です. 人口約 750 万の 64% がドイツ語 (中部・東部), 20% がフランス語 (西部), 7% がイタリア語 (南部), 0.5% がロマンシュ語 (東部) を母語としています. ベルギーのような激しい言語対立は見られず, 共存が図られています.

75

モナコ公国

　カジノやモンテカルロラリーが知られるコートダジュールの小国モナコ（人口３万人）の公用語はフランス語で，住民の約半数がフランス国籍者です．モナコ語，イタリア語，英語なども使われています．

アンドラ公国

　フランスとスペインに挟まれたピレネー山中の小国アンドラの公用語はカタルーニャ語ですが，フランス語，スペイン語の教育も小学校から行われ，広く用いられています．

アオスタ渓谷（イタリア）

　フランス，スイスと接するイタリア北西部のアルプス渓谷地帯，ヴァッレ・ダオスタ特別自治州ではフランス語が話されており，州の公用語もフランス語とイタリア語です．

ザールラント（ドイツ）

　ドイツのザールラント州は，フランスのロレーヌ地方と接し，かつてフランス領だった地域です．現在も住民の半数がフランス語を話します．2007年から小学校でのフランス語学習が義務化され，2013年（独仏協力条約50周年）以降に生まれた全住民が2043年までにバイリンガルとなることが目指されているそうです．

東ヨーロッパの国々

　東欧諸国にもフランス語話者の多い国がいくつか見られます．たとえば東欧内では珍しいロマンス語系言語の国ルーマニアやモルドヴァでは，歴史的にフランス語学習を重視する伝統があり，共産主義体制下でも絶えることはありませんでした．

Leçon 4　北米のフランス語圏

　カナダは英語とフランス語の二言語を国の公用語とし，全人口の４分の１（650万人）がフランス語を母語としています．カナダのフランス語圏地域としてとくに有名なのはケベック州でしょう．また大西洋沿岸のカナダ３州にはアカディアンとよばれるフランス系の人々がいます．アメリカ合衆国では，カナダのケベック州と国境を接するメーン州や南部ルイジアナ州にフランス語系の人々が住んでいます．カナダ沖のサンピエール島・ミクロン島はフランスの海外準県で住民はフランス語を話します．

ケベック

　ケベック州は面積，人口ともにカナダ第２位の大きな州で，住民の８割をフランス語系が占め，フランス語のみが州の公用語となっています．カナダを"発見した"ヨーロッパ人はフランス人のジャック・カルティエで，ケベックには1608年から入植が開始されました（2008年にケベック市創設400周年の記念行事が催されました）．「ヌーヴェル・フランス」と呼ばれたこの北米フランス植民地は，その後拡大を続け，五大湖からミシシッピ川流域を経てメキシコ湾に至る広大なものとなりました．しかし，イギリスとの植民地戦争に敗れたフランスは1763年パリ条約でこの北米植民地をすべて手放すこととなります．しかしその後もケベックでは，他の英領カナダとは異なり，フランス語の使用とカトリック教の信仰が認められ，独自の文化が保たれました．

　1960年代に「静かな革命」と呼ばれる急激な近代化と発展を迎えたケベックでは，1967年の万国博覧会開催，76年のオリンピック開催などが世界の注目を集めました．と同時に，ケベック人としての民族意識が高まり，連邦からの分離独立運動が活発化しました．1974年にはフランス語のみがケベック州の公用語と制定され，1977年にはフランス語の使用をさらに明確に義務づける言語法「フランス語憲章」（通称「101号法」）が定められました．またケベック分離独立をめぐる州民投票が これまでに２度行われました（1995年の第二回投票は賛成49.4％，反対50.6％という僅差に終わりました）．

　圧倒的多数を英語系が占める北米において，ケベックの人々は，強い信念と情熱をもってフランス語を守り抜いてきました．フランス語の使用については，彼らはときにフランス人よりも純粋主義であると言われます．ケベックのフランス語は，フランスのフランス語とは大きく異なった発音や語彙・表現が特徴的で，17世紀（入植）当時の発音体系を残しているところと英語からの影響とが見られます．ケベックの民衆語は「ジュアル joual」と呼ばれています．

　ケベックの西隣のオンタリオ州では住民の3%程度がフランス系です．

アカディア人（アカディアン）

　ケベック人とは歴史やアイデンティティの異なるフランス系カナダ人に，アカディア人がいます．現在のノバスコシア州に1604年以降入植したフランス人たちは，その土地をアカディーと名づけ，自らをアカディア人と称しました．しかし，アカディーの領有権はフランスからイギリスへ移り，英国に忠誠を誓うことを拒否した住民は1755年にアカディーの地を強制追放され，遠くフランスや他の英国植民地に送られました．1万5000人のアカディア人が家や畑を奪われ，家族も散り散りに強制的に船出させられ，うち7000人が亡くなったと伝えられています．この悲劇は後にアメリカの詩人ロングフェローの長詩『エヴァンジェリン』に詠まれ，多くの人々の涙を誘いました．

　強制移住をさせられたアカディア人らはその後，旧アカディーを目指し帰還を始め，現在のニューブランズウィック州，ノバスコシア州，プリンスエドワード島州に分散して定住しました．また，アカディア人の一部は，南東部のルイジアナ地方に定住し，ケイジャンの祖となりました．

　イギリス系社会のなかで抑圧と差別の対象であり続けたアカディアの人々は，19世紀後半以降，民族意識に目覚め，その文化とアイデンティティを復興しようとする運動が活発化しました．アカディアの民族旗や歌が作られ，離散したアカディア人が集う大集会が開かれるようになりました．今日，アカディア人はニューブランズウィック州で人口の3〜4割，ノバスコシア州では人口の1割を占めています．

　アカディア人の話すフランス語には，古い言い回しが保たれ，発音にも特徴があります．ニューブランズウィック州のアカディア方言は「シャックchiac」と呼ばれています．

ルイジアナ

　アメリカ合衆国ではケベックと接するメーン州（人口の5%）や，かつてのフランス領南東部ルイジアナ州（人口の5%）でフランス語が話されています．

　ルイ14世にちなんで命名されたルイジアナには，1699年以降フランス人が入植しました．一時スペインの手に渡りますが，最終的にはナポレオンが1803年にアメリカ合衆国に売却しました．ルイジアナに現在見られるフランス系住民は，クレオール，ケイジャンといった名で呼ばれています．

　ルイジアナにおいてクレオールという言葉は，フランスからの入植者，アフリカ系奴隷，スペイン人，先住民といった多様な起源を持つ人々の子孫を広く指して用いられています．彼らの多くはフランス語系クレオール語を話します．

　ケイジャン（Cajun）とはアカディアン（Acadien）がなまってできたことばで，1755年の強制追放でカナダからやってきたアカディアンの子孫です．ケイジャン・フランス語を話し，料理，音楽，ダンスなどの独特なケイジャン文化を保っています．

　アメリカ合衆国という圧倒的な英語環境のなかで，ルイジアナのフランス語系人口は20世紀を通じて急速に減少しました．現在では母語保存運動の対象となり，学校でもフランス語が教えられています．

Leçon 5　カリブ海地域のフランス語圏

　カリブ海地域のフランス語圏には，フランスの海外県（DROM）であるグアドループ，マルティニーク，フランス領ギアナ，海外準県（COM）のサン・バルテルミー島，サン・マルタン島，そして独立国のハイチ共和国があります．

　この地域は1492年にコロンブスの一行が到来して以来，植民地化が進みました．ヨーロッパ人の入植後，先住民はほぼ絶滅し，かわりにアフリカ大陸から奴隷として大量の労働力が導入され，砂糖の大規模なプランテーション農業が営まれました．

　現在はアフリカ系黒人とムラートとよばれる黒人と白人の混血が住民の大半を占め，フランス語とクレオール語が話されています．経済の中心はサトウキビ，バナナなどの栽培とラム酒の生産で，観光も重要な産業となっています．

ハイチ共和国

　現在のハイチ共和国にあたるイスパニョーラ島西側地域は，1697年にフランスに領有され，サン・ドマング植民地と名づけられました．当時，貴重な砂糖を生産するこの地域は「カリブの真珠」と呼ばれ，フランスに多くの富をもたらしましたが，フランス革命の影響のもと1791年に奴隷の大蜂起が起こり，1804年に独立を達成して世界初の黒人共和国となりました．しかしその後は今日まで政情不安や混乱が続き，経済は困窮を極めています．

　ハイチではフランス語とならび，1987年からはハイチ語（フランス語系クレオール語）も公用語となっています．ちなみにケベックにはハイチからの移民が多く，第27代カナダ総督やフランコフォニー事務総長を務めたミカエル・ジャンもハイチ出身者です．

77

フランス海外県：グアドループ，マルティニーク，フランス領ギアナ

　　アンティル諸島のなかのグアドループ群島，マルティニーク島は 1635 年に，南米の仏領ギアナは 1638 年にそれぞれフランス領となり，1946 年からはフランス海外県となっています．ナポレオン・ボナパルトの妻ジョゼフィーヌはマルティニーク島の生まれです．マルティニークはポストコロニアル文学で注目されるエメ・セゼール，エドワール・グリッサン，ラファエル・コンフィアンといった文学者を輩出した土地でもあります．仏領ギアナはフランス国立宇宙センターのロケット発射基地があることで有名です．

　　なお，マルティニーク島に程近いセントルシアとドミニカの両島は現在は英連邦に属しますが，かつてはフランス領であったため，フランス語系のクレオール語が話されています．

フランス準海外県：サン・バルテルミー島，サン・マルタン島

　　サン・マルタン島とサン・バルテルミー島は，グアドループ県に属していましたが，2007 年に分離し，独自のフランス海外自治体（COM）となりました．サン・マルタン島の南半分はオランダ領です．

クレオールとは何か

　　「クレオール」とは，スペイン語クリオーリョを語源とし，新大陸で生まれたものを指して用いられた言葉です．クレオール語とは，異なる言語を話す者同士が意思疎通の必要にせまられ作り上げた言語（ピジン）が母語化した言語のことです．カリブ海フランス語圏地域のクレオール語は，黒人奴隷のもたらしたアフリカ諸語と支配者の言語であったフランス語とが融合してできた混成語です．人種，文化，言語的な混血を基盤とするカリブ海文化のあり方（クレオール性）は，新しい文化の可能性を示すものとして世界的に注目されています．

Leçon 6　マグレブのフランス語圏

　　北アフリカのモロッコ，アルジェリア，チュニジアの一帯はマグレブ地方（「太陽の沈む土地」という意味）と呼ばれています．イスラム文化圏に属するこの地域の現在の公用語はアラビア語のみですが，フランス語も第二言語として広く用いられています．

　　かつてフランスの植民地や保護領であったこれらの地域では，独立後，イスラム化とアラビア語化の政策が推進されましたが，フランス語は今日も根強く残り，学校教育や新聞などのメディアで広く用いられています．

　　北アフリカ地域の先住民はベルベル人と呼ばれ，ベルベル語を話します．なおベルベル（語源はギリシア語のバルバロイで「言葉のわからない人」という意味）という呼称は差別的であるとして最近では自称のアマジグ（「自由な人」）という名が用いられるようになっています．

　　20 世紀後半には北アフリカから多くの移民がフランスへ渡りました．フランスのマグレブ 2 世は「ブール Beur」と呼ばれています．

アルジェリア

　　アルジェリアは，1830 年以降フランスの支配下に置かれ，1954 年からの独立戦争を経て，1962 年に独立を達成しました．マグレブ諸国のなかでも，フランスの支配がもっとも長く，かつ強力であり，フランス本国の一部と見なされていました．独立当時のアルジェリアには 100 万人ものフランス人が住んでいましたが，ほとんどがフランスに引き揚げました．これらの引揚者は「ピエ・ノワール pied noir」と呼ばれています．

　　アルジェリアはマグレブ諸国のなかでももっともフランス語が普及している国（現在も国民の約 50% がフランコフォン）であるにもかかわらず，外交上の理由によりフランコフォニー国際機関には参加していません．国民の 80% がアラブ人，約 20% がアマジグ（ベルベル）人です．アマジグの人々は，政府が進めるアラブ化に反発し，自らの言語と文化の保持を訴えてきました．このため 2002 年には憲法が改正され，タマジート（ベルベル）語が国語として認められました．

　　フランス人ノーベル賞作家アルベール・カミュはアルジェリアに生まれ，代表作『異邦人』は首都アルジェを舞台としています．アルジェリアで生まれた音楽ライは，フランスをはじめ世界中で高い評価を受けています．

チュニジア

　　1881 年フランスの保護領となり，1956 年に独立しました．住民はアラブ人が 98% で社会統合が進み，少数民族問題はありません．イスラム諸国のなかでは比較的開放的な政策がとられており，女性の社会進出も進んでいます．2010 年末から 2011 年にかけて起こったジャスミン革命（アラブの春）以降は，イスラム主義の台頭が見られます．

モロッコ

1912 年にフランスの保護領となり, 1956 年に独立しました. 住民の 3 分の 2 がアラブ人, 残りはアマジグ (ベルベル) 人や混血です. 教育を受けた人々は多くがフランス語を話します. アラビア語とならび, 2011 年からタマジクト (ベルベル語) が公用語となりました.

他の北アフリカ地域

上記三国に, モーリタニア, 西サハラ, リビアを加え, 「大マグレブ」と呼ぶことがあります. このうちモーリタニアは 1904 年にフランス領となり, 1960 年に独立しました. 西サハラは現在モロッコが領有権を主張しています. リビアはもとイタリア領ですのでフランス語圏ではありません.

北アフリカで伝統的にフランス語教育が盛んな国としてエジプトを挙げることができます. フランコフォニー国際機関の初代事務総長 (1997-2002) はエジプト人のブトロス・ガリ氏 (元国連事務総長) が務めました.

Leçon 7 ブラック・アフリカのフランス語圏

サハラ砂漠以南のいわゆるブラック・アフリカ地域にはフランス語を公用語とする国が 18 カ国あります. これらの国は西アフリカと中央アフリカに集中し, とくにフランス語話者の多いのがセネガル, コートジボワール, トーゴ, カメルーン, コンゴ, ガボンです.

これらの地域はかつてフランスやベルギーの植民地でした. ヨーロッパ諸国がアフリカ大陸の激しい争奪競争を繰り広げたのは 19 世紀末のことです. その後, 「アフリカの年」と呼ばれる 1960 年に, 多くの国が植民地支配からの独立を果たしました (フランスからは 14 カ国が独立).

これらの国の人々にとってフランス語は公用語ですが, 母語ではありません. アフリカでは部族ごとに異なるさまざまな言語が話されており, そのうちの一つを公用語にすることは部族間に軋轢を生みます. また現地語の多くは整備された書記法をもたず, 科学技術や現代生活を語るための語彙を備えてはいません. このため独立後も旧宗主国の言葉であるフランス語が公用語として使用され, 教育もフランス語で行われているのです. フランス語の普及率は教育の普及率に比例し, 国によって開きがありますが, いずれにおいてもフランス語は社会的成功のための欠かせない手段となっています.

サンゴールとネグリチュード運動

レオポール・セダール・サンゴール (1906-2001) はセネガルに生まれフランスに学びました. アグレジェ (フランスの上級教員資格) を取得しフランスで教壇に立った初めてのアフリカ人です. 詩人として名声を博し, セネガル選出フランス国民議会議員を務めた後, 1960 年のセネガル独立とともに初代大統領に就任しました (1980 年まで). 1960 年代にはフランコフォニー国際組織の設立を提唱しフランコフォニーの父とよばれています. 1983 年には初のアフリカ出身アカデミー・フランセーズ会員となりました.

サンゴールが, 1930 年代に留学先のパリで, カリブ海マルティニーク出身のエメ・セザールらとともに起こした運動は, ネグリチュード運動と呼ばれています. 彼らは, 人種差別に反対し, 黒人文化の価値を積極的に評価しようとしました.

セネガル

サンゴールの出身地セネガルは, フランスが 17 世紀に交易所を設けた土地です. 首都ダカールの沖合 3 キロほどに位置するゴレ島は, アフリカからカリブ海方面へ黒人奴隷を送り出す拠点となりました. 現在はユネスコ世界遺産に登録され, 島全体が奴隷制度の歴史博物館となっています.

インド洋の島々

アフリカ大陸東側のインド洋上の島々でもフランス語が話されています. レユニオン島, マイヨット島はフランスの海外県 (DOM) と海外準県 (COM) です (マイヨットは 2009 年 3 月の住民投票の結果, 2011 年に海外県となりました). マダガスカル島, コモロ諸島はかつてのフランス植民地が現在は独立国となっています. モーリシャス島, セイシェル諸島は, 元イギリス植民地ですが, イギリスの前にはフランスが統治していたことから, 独立後の現在でも英語とフランス語の両方が使用されています. これらのインド洋の島々ではフランス語系のクレオール語も話されています.

Leçon 8　東南アジアのフランス語圏

仏領インドシナ

　ベトナム・ラオス・カンボジアの三国は，かつて仏領インドシナ（1887-1954）と呼ばれるフランスの植民地でした．現在ではフランス語を話す人の数は多くありませんが，一部には根強いフランコフィル（親仏派）が残っています．またフランコフォニー国際組織，フランコフォニー大学機構のアジア太平洋地域代表部がベトナムに置かれ，域内のフランコフォニー推進を担っています．

　仏領インドシナは 1946 年からの独立戦争を経て 1954 年に独立を果たしました．その後ベトナムは南北に分裂し，1962 年からはアメリカが軍事介入し，ベトナム戦争に突入しました．共産主義勢力と資本主義勢力の代理戦争とも呼ばれたこの戦争には，北軍が勝利し，南北ベトナムは統一され共産主義国家となりました．南ベトナムからは多くの難民が流出しました．

　フランス国内で出会うアジア系移民の多くはインドシナ出身者です．パリの中華街はベトナムやラオス出身の華僑で構成されていると言われています．ベトナム料理店もフランス各地に数多く見られます．

カンボジア

　カンボジアの独立時の国王ノロドム・シアヌークはフランスに学び，フランス語に堪能で，1960 年代にはサンゴールらとならびフランコフォニー運動の提唱者となりました．しかしカンボジアでは，1970 年代に極端な共産主義者で独裁者の ポル・ポトが率いるクメール・ルージュにより，知識人層（つまりフランス語を話す人々）は大量に殺害されたため，現在ではフランス語話者の数は極めて限られています．

フランス語圏インド

　フランスはインドシナ半島だけでなく，インドにも数箇所の小さな植民地を持っていました．インド東海岸のポンディシェリは，1673 年にフランス東インド会社が取得し，1954 年にインドに返還されるまでの 3 世紀近くにわたりフランスの植民地でした．現在もタミル語，英語とともにフランス語が話され，約 1 万人のフランス籍インド人が住んでいます．

中東のフランス語圏

　アジア大陸のフランス語圏としてもう一つ忘れてはならないのが，中東のレバノン，シリアです．この地域は，第一次大戦（オスマン帝国崩壊）後の 1920 年からフランスの委託統治領となりました（レバノンは 1943 年，シリアは 1946 年に独立）．現在はアラビア語が公用語ですが，とくにレバノンでは現在でもフランス語が広く学ばれ通用します．日本で知られているレバノン系フランス人にカルロス・ゴーン（ルノー・日産 CEO）がいます．

Leçon 9　太平洋のフランス語圏

　太平洋の島々を初めて訪れたヨーロッパ人はマゼラン（1521 年）でした．その後，フランスはイギリスとの植民地獲得競争が進む 19 世紀後半に，この地域の諸島群を領有しました．

ニューカレドニア

　オーストラリア東方に浮かぶニューカレドニア島は，1853 年，ナポレオン 3 世の宣言によりフランス領となりました．現在はフランスの海外特別自治体（collectivité *sui generis*）となっています．先住民カナックの地という意味で「カナキー（Kanaky）」とも呼ばれています．1960 年代以降，先住民による復権運動が繰り広げられ，80 年代には独立運動が激化し，フランス軍との武力衝突にまで発展しました．その後の取決め（マティニョン合意およびヌメア協定）により，段階的な権限委譲が約束されました．2018 年 11 月に独立を問う住民投票が行われます．フランス語とメラネシア系現地語とが用いられています．

フランス領ポリネシア

　南太平洋のフランス領ポリネシアは，118 の島々から構成されています．リゾート地として人気が高く，なかでも首府パペーテのあるタヒチ島がとくに有名です．1880 年にフランスの植民地となり，1957 年にフランスの海外領土（TOM）に昇格，現在では海外領邦（POM）としてさらに広範な自治権を確立しています．フランス語のほか，現地語のタヒチ語が媒介語として広く用いられています．

　後期印象派のフランス人画家ポール・ゴーギャン（1848-1903）は地上の楽園を求めて 19 世紀末にタヒチに渡り，こ

の島をテーマにした数々の傑作を残しました．

　フランス領ポリネシアの美しいサンゴ礁を舞台に，フランスは1963年以降200回にのぼる核実験を行いました．とくに1995年シラク元大統領がムルロア環礁で核実験を強行した際には，国際的な批判が高まり，日本ではフランス製品ボイコット運動が起こりました．1996年1月の実験を最後に核実験場は閉鎖されました．

ウォリス・フツナ

　ウォリス諸島とフツナ諸島は，1887年フランス保護領，1913年にフランス植民地，1959年にはフランス海外領土（TOM）となりました．現在（2003年から）はフランスの海外自治体（COM）です．フランス語のほか，ウォリス語（ウベア語）やフツナ語などが話されています．

バヌアツ共和国

　バヌアツは，ニューカレドニアの北東にある大小80余りの島からなる国です．2006年には英国のシンクタンクによる地球幸福度指標調査で第1位となり，「地球上で最も幸せな国」として日本でも報じられました．1887年以降，イギリスとフランスの共同統治領でしたが，1980年に独立しました．公用語はビスラマ語（英語系クレオール語），英語，フランス語の3つですが，100種以上の現地語があり，世界で最も言語種の多い地域として知られています．

Leçon 10　フランコフォニー組織

　フランコフォニーという言葉は19世紀末にフランスの地理学者オネジム・ルクリュによってはじめて用いられたと言われています．la francophonie は，「フランス語を話す」という意味の形容詞 francophone の名詞形で，フランス語を話す人々の共同体やフランス語の地理的な広がり（フランス語圏）を表します．一方，la Francophonie と F を大文字で表記する場合には，国際組織としてのフランコフォニー（Organisation Internationale de la Francophonie＝OIF）を指します．

国際組織としてのフランコフォニー

　1960年代，アフリカ諸国の独立後，セネガルのレオポール・セダール・サンゴール大統領，チュニジアのハビブ・ブルキバ大統領らは，フランス語を共有する国々の連帯と協力を呼びかけました．サンゴールは「植民地主義の残した瓦礫のなかに，私たちはフランス語という宝物を見つけた」と述べ，共有財産としてのフランス語の重要性を説きました．こうして，1970年3月20日に21カ国からなる文化技術協力機構 ACCT（Agence de coopération culturelle et technique）がニジェールのニアメにて発足しました．この組織はその後，今日のフランコフォニー国際組織 OIF へと発展的に受け継がれてきました．

　このようなフランコフォニー運動が，フランスから独立した国々を率いるリーダーたちによる自発的な運動であったということは重要なことです．当時のフランス大統領シャルル・ド・ゴールは，新植民地主義と見なされることを恐れ，フランコフォニー運動への関与を避けました．フランスがこの運動にようやく積極的な参加を始めたのは，1980年以降のことです．この年，パリで第1回フランコフォニー・サミット（フランス語圏首脳会議）が開かれ，フランソワ・ミッテラン大統領が参加しました．その後，フランコフォニー・サミットは2年に一度，フランコフォニー加盟国のいずれかで開催されています．

　なお，最初のフランコフォニー組織 ACCT が生まれた3月20日は，フランコフォニーの日と定められ，毎年世界各地で記念行事が催されます．日本でも2003年から東京，横浜，大阪，福岡などでフランコフォニー・フェスティヴァルが開催されています．

フランコフォニー加盟国

　現在 OIF に加盟している国や地域は，84に上ります（2018年現在，正式加盟国・地域54，準加盟国・地域4，オブザーバー国・地域26）．これらは必ずしもフランス語が実際に使われている国や地域ばかりではありません，たとえばオブザーバー国の東欧諸国（ポーランド，チェコなど）やタイは，フランス語話者は少ないものの，OIF 諸国との政治経済的な結びつきを求めてこの組織に参加しています．一方，フランス語話者数の多いアルジェリアは政治的理由から OIF に参加していません．

　フランコフォニー加盟国は，開発，教育，科学技術などの分野で互いに協力を行っています．グローバライゼーションの進むなか，とりわけ言語・文化の画一化に反対し，多様性を擁護する運動を繰り広げています．ユネスコの「文化多様性条約（文化的表現の多様性の保護と促進に関する条約）」（2005年）の採択にあたっては，フランコフォニー加盟諸国が重要な役割を果たしました．

81

Les photographies illustrant cet ouvrage ont été fournies par les organismes et personnes suivantes :

Cédric Riveau, http://www.color-lounge.com, p. 18

Centre de la bande dessinée belge, http://www.cbbd.be, p. 30 (左)

Comité du Tourisme des iles de Guadeloupe, http://www.lesilesdeguadeloupe.com, 表紙, pp. 12 (左下), 28 (上1, 上2, 上3, 上4), 34 (右)

Gilles Delmaire, pp. 12 (左上), 48 (下)

Maison de la Nouvelle-Calédonie à Paris, http://www.nouvellecaledonietourisme-sud.com, p. 44 (左上, 左下, 中, 右上)

Ministère français des Affaires étrangères, http://www.diplomatie.gouv.fr, pp. 16 (左), 38, 46

Office de promotion du tourisme Wallonie-Bruxelles, http://www.opt.be, pp. 12 (中下), 30 (右)

Office du tourisme du Sénégal, http://www.au-senegal.com, p. 42 (上)

Office National du Tourisme Tunisien, http://www.bonjour-tunisie.com, p. 32 (左5)

Organisation internationale de la Francophonie, http://www.francophonie.org, 表紙, pp. 12 (右上), 36 (上4), 40 (左), 48 (上左)

Sachiko Komtasu, pp. 10 (左上), p. 20 (右1, 右2, 右3), 32 (左1, 左2), 34 (左)

Société Hoegaarden, http://www.hoegaarden.com, p. 20 (上4)

Sony music (chargé de communication de Yannick Noah), http://www.yannicknoah.com/, p. 14

Tourisme Québec, http://www.bonjourquebec.com, 表紙, pp. 10 (右下)

Wikimedia Commons, pp. 10 (右上, 左下), 16 (中上), 24 (左上), 42 (右下), 44 (右下), 48 (上右)

Nous les remercions chaleureusement pour leurs précieuses contributions.
写真を提供くださった上記の機関および個人の皆さまにお礼を申し上げます。

Nous remercions egalement Messieurs Yoji Ida, Hitoshi Yamada et Daisuke Ueno des editions Surugadai pour leur comprehension et leur soutien.
また、駿河台出版社の井田洋二社長、山田仁氏、上野大介氏に心よりの感謝を申し上げます。

Merci à Bernard Delmaire pour la relecture et à Anne-Marie Maejima pour les enregistrements.

フランコフォニーへの旅(改訂版)

小松　祐子　著

Gilles Delmaire

2009. 6. 1 初版発行
2019. 2. 1 改訂版初版発行
2025. 3. 31 改訂版4刷発行

発行者　井田洋二

発行所　〒101-0062東京都千代田区神田駿河台3の7
電話03(3291)1676　FAX03(3291)1675
振替00190-3-56669
株式会社　駿河台出版社

デザイン・組版　佐々木義洋 ／ 製版・印刷　フォレスト
ISBN 978-4-411-00927-2　　C1085
http://www.e-surugadai.com
日本音楽著作権協会(出)許諾第0905659-901号

動 詞 活 用 表

◇ 活用表中，現在分詞と過去分詞はイタリック体，
また書体の違う活用は，とくに注意すること．

accueillir	22	écrire	40	pleuvoir	61
acheter	10	émouvoir	55	pouvoir	54
acquérir	26	employer	13	préférer	12
aimer	7	envoyer	15	prendre	29
aller	16	être	2	recevoir	52
appeler	11	être aimé(e)(s)	5	rendre	28
(s')asseoir	60	être allé(e)(s)	4	résoudre	42
avoir	1	faire	31	rire	48
avoir aimé	3	falloir	62	rompre	50
battre	46	finir	17	savoir	56
boire	41	fuir	27	sentir	19
commencer	8	(se) lever	6	suffire	34
conclure	49	lire	33	suivre	38
conduire	35	manger	9	tenir	20
connaître	43	mettre	47	vaincre	51
coudre	37	mourir	25	valoir	59
courir	24	naître	44	venir	21
craindre	30	ouvrir	23	vivre	39
croire	45	partir	18	voir	57
devoir	53	payer	14	vouloir	58
dire	32	plaire	36		

◇ 単純時称の作り方

不定法	直説法現在				接続法現在		直説法半過去	
—er [e] —ir [ir] —re [r] —oir [war]	je (j')	—e [無音]	—s [無音]		—e [無音]		—ais [ɛ]	
	tu	—es [無音]	—s [無音]		—es [無音]		—ais [ɛ]	
	il	—e [無音]	—t [無音]		—e [無音]		—ait [ɛ]	
	nous	—ons [ɔ̃]			—ions [jɔ̃]		—ions [jɔ̃]	
現在分詞	vous	—ez [e]			—iez [je]		—iez [je]	
—ant [ɑ̃]	ils	—ent [無音]			—ent [無音]		—aient [ɛ]	

	直説法単純未来		条件法現在	
je (j')	—rai	[re]	—rais	[rɛ]
tu	—ras	[rɑ]	—rais	[rɛ]
il	—ra	[ra]	—rait	[rɛ]
nous	—rons	[rɔ̃]	—rions	[rjɔ̃]
vous	—rez	[re]	—riez	[rje]
ils	—ront	[rɔ̃]	—raient	[rɛ]

	直 説 法 単 純 過 去					
je	—ai	[e]	—is	[i]	—us	[y]
tu	—as	[ɑ]	—is	[i]	—us	[y]
il	—a	[a]	—it	[i]	—ut	[y]
nous	—âmes	[am]	—îmes	[im]	—ûmes	[ym]
vous	—âtes	[at]	—îtes	[it]	—ûtes	[yt]
ils	—èrent	[ɛr]	—irent	[ir]	—urent	[yr]

過去分詞	—é [e], —i [i], —u [y], —s [無音], —t [無音]

①**直説法現在**の単数形は，第一群動詞では—e，—es，—e；他の動詞ではほとんど—s，—s，—t.

②**直説法現在**と**接続法現在**では，nous, vous の語幹が，他の人称の語幹と異なること(母音交替)がある.

③**命令法**は，直説法現在の tu, nous, vous をとった形.（ただし—es → e　vas → va）

④**接続法現在**は，多く直説法現在の 3 人称複数形から作られる. ils partent → je parte.

⑤**直説法半過去**と**現在分詞**は，直説法現在の 1 人称複数形から作られる.

⑥**直説法単純未来**と**条件法現在**は多く不定法から作られる. aimer → j'aimerai, finir → je finirai, rendre → je rendrai(-oir 型の語幹は不規則).

1. avoir

				直　説　法			
	現　在		**半　過　去**		**単　純　過　去**		
現在分詞	j'	ai	j'	avais	j'	eus	[y]
ayant	tu	as	tu	avais	tu	eus	
	il	a	il	avait	il	eut	
過去分詞	nous	avons	nous	avions	nous	eûmes	
eu [y]	vous	avez	vous	aviez	vous	eûtes	
	ils	ont	ils	avaient	ils	eurent	
命　令　法	**複　合　過　去**			**大　過　去**		**前　過　去**	
	j'	ai	eu	j'	avais	eu	j'	eus	eu
aie	tu	as	eu	tu	avais	eu	tu	eus	eu
	il	a	eu	il	avait	eu	il	eut	eu
ayons	nous	avons	eu	nous	avions	eu	nous	eûmes	eu
ayez	vous	avez	eu	vous	aviez	eu	vous	eûtes	eu
	ils	ont	eu	ils	avaient	eu	ils	eurent	eu

2. être

				直　説　法			
	現　在		**半　過　去**		**単　純　過　去**		
現在分詞	je	suis	j'	étais	je	fus	
étant	tu	es	tu	étais	tu	fus	
	il	est	il	était	il	fut	
過去分詞	nous	sommes	nous	étions	nous	fûmes	
été	vous	êtes	vous	étiez	vous	fûtes	
	ils	sont	ils	étaient	ils	furent	
命　令　法	**複　合　過　去**			**大　過　去**		**前　過　去**	
	j'	ai	été	j'	avais	été	j'	eus	été
sois	tu	as	été	tu	avais	été	tu	eus	été
	il	a	été	il	avait	été	il	eut	été
soyons	nous	avons	été	nous	avions	été	nous	eûmes	été
soyez	vous	avez	été	vous	aviez	été	vous	eûtes	été
	ils	ont	été	ils	avaient	été	ils	eurent	été

3. avoir aimé

				直　説　法			
［複合時称］	**複　合　過　去**			**大　過　去**		**前　過　去**	
分詞複合形	j'	ai	aimé	j'	avais	aimé	j'	eus	aimé
ayant aimé	tu	as	aimé	tu	avais	aimé	tu	eus	aimé
	il	a	aimé	il	avait	aimé	il	eut	aimé
命　令　法	elle	a	aimé	elle	avait	aimé	elle	eut	aimé
aie aimé	nous	avons	aimé	nous	avions	aimé	nous	eûmes	aimé
	vous	avez	aimé	vous	aviez	aimé	vous	eûtes	aimé
ayons aimé	ils	ont	aimé	ils	avaient	aimé	ils	eurent	aimé
ayez aimé	elles	ont	aimé	elles	avaient	aimé	elles	eurent	aimé

4. être allé(e)(s)

				直　説　法			
［複合時称］	**複　合　過　去**			**大　過　去**		**前　過　去**	
分詞複合形	je	suis	allé(e)	j'	étais	allé(e)	je	fus	allé(e)
étant allé(e)(s)	tu	es	allé(e)	tu	étais	allé(e)	tu	fus	allé(e)
	il	est	allé	il	était	allé	il	fut	allé
命　令　法	elle	est	allée	elle	était	allée	elle	fut	allée
sois allé(e)	nous	sommes	allé(e)s	nous	étions	allé(e)s	nous	fûmes	allé(e)s
soyons allé(e)s	vous	êtes	allé(e)(s)	vous	étiez	allé(e)(s)	vous	fûtes	allé(e)(s)
soyez allé(e)(s)	ils	sont	allés	ils	étaient	allés	ils	furent	allés
	elles	sont	allées	elles	étaient	allées	elles	furent	allées

		条件法		接続法			
単純未来		**現在**		**現在**		**半過去**	
j'	aurai	j'	aurais	j'	aie	j'	eusse
tu	auras	tu	aurais	tu	aies	tu	eusses
il	aura	il	aurait	il	ait	il	eût
nous	aurons	nous	aurions	nous	ayons	nous	eussions
vous	aurez	vous	auriez	vous	ayez	vous	eussiez
ils	auront	ils	auraient	ils	aient	ils	eussent
前未来		**過去**		**過去**		**大過去**	
j'	aurai eu	j'	aurais eu	j'	aie eu	j'	eusse eu
tu	auras eu	tu	aurais eu	tu	aies eu	tu	eusses eu
il	aura eu	il	aurait eu	il	ait eu	il	eût eu
nous	aurons eu	nous	aurions eu	nous	ayons eu	nous	eussions eu
vous	aurez eu	vous	auriez eu	vous	ayez eu	vous	eussiez eu
ils	auront eu	ils	auraient eu	ils	aient eu	ils	eussent eu

		条件法		接続法			
単純未来		**現在**		**現在**		**半過去**	
je	serai	je	serais	je	sois	je	fusse
tu	seras	tu	serais	tu	sois	tu	fusses
il	sera	il	serait	il	soit	il	fût
nous	serons	nous	serions	nous	soyons	nous	fussions
vous	serez	vous	seriez	vous	soyez	vous	fussiez
ils	seront	ils	seraient	ils	soient	ils	fussent
前未来		**過去**		**過去**		**大過去**	
j'	aurai été	j'	aurais été	j'	aie été	j'	eusse été
tu	auras été	tu	aurais été	tu	aies été	tu	eusses été
il	aura été	il	aurait été	il	ait été	il	eût été
nous	aurons été	nous	aurions été	nous	ayons été	nous	eussions été
vous	aurez été	vous	auriez été	vous	ayez été	vous	eussiez été
ils	auront été	ils	auraient été	ils	aient été	ils	eussent été

		条件法		接続法			
前未来		**過去**		**過去**		**大過去**	
j'	aurai aimé	j'	aurais aimé	j'	aie aimé	j'	eusse aimé
tu	auras aimé	tu	aurais aimé	tu	aies aimé	tu	eusses aimé
il	aura aimé	il	aurait aimé	il	ait aimé	il	eût aimé
elle	aura aimé	elle	aurait aimé	elle	ait aimé	elle	eût aimé
nous	aurons aimé	nous	aurions aimé	nous	ayons aimé	nous	eussions aimé
vous	aurez aimé	vous	auriez aimé	vous	ayez aimé	vous	eussiez aimé
ils	auront aimé	ils	auraient aimé	ils	aient aimé	ils	eussent aimé
elles	auront aimé	elles	auraient aimé	elles	aient aimé	elles	eussent aimé

		条件法		接続法			
前未来		**過去**		**過去**		**大過去**	
je	serai allé(e)	je	serais allé(e)	je	sois allé(e)	je	fusse allé(e)
tu	seras allé(e)	tu	serais allé(e)	tu	sois allé(e)	tu	fusses allé(e)
il	sera allé	il	serait allé	il	soit allé	il	fût allé
elle	sera allée	elle	serait allée	elle	soit allée	elle	fût allée
nous	serons allé(e)s	nous	serions allé(e)s	nous	soyons allé(e)s	nous	fussions allé(e)s
vous	serez allé(e)(s)	vous	seriez allé(e)(s)	vous	soyez allé(e)(s)	vous	fussiez allé(e)(s)
ils	seront allés	ils	seraient allés	ils	soient allés	ils	fussent allés
elles	seront allées	elles	seraient allées	elles	soient allées	elles	fussent allées

5. être aimé(e)(s) ［受動態］

直　説　法							接　続　法		
現　在			**複　合　過　去**				**現　在**		
je	suis	aimé(e)	j'	ai	été	aimé(e)	je	sois	aimé(e)
tu	es	aimé(e)	tu	as	été	aimé(e)	tu	sois	aimé(e)
il	est	aimé	il	a	été	aimé	il	soit	aimé
elle	est	aimée	elle	a	été	aimée	elle	soit	aimée
nous	sommes	aimé(e)s	nous	avons	été	aimé(e)s	nous	soyons	aimé(e)s
vous	êtes	aimé(e)(s)	vous	avez	été	aimé(e)(s)	vous	soyez	aimé(e)(s)
ils	sont	aimés	ils	ont	été	aimés	ils	soient	aimés
elles	sont	aimées	elles	ont	été	aimées	elles	soient	aimées
半　過　去			**大　過　去**				**過　去**		
j'	étais	aimé(e)	j'	avais	été	aimé(e)	j'	aie	été	aimé(e)
tu	étais	aimé(e)	tu	avais	été	aimé(e)	tu	aies	été	aimé(e)
il	était	aimé	il	avait	été	aimé	il	ait	été	aimé
elle	était	aimée	elle	avait	été	aimée	elle	ait	été	aimée
nous	étions	aimé(e)s	nous	avions	été	aimé(e)s	nous	ayons	été	aimé(e)s
vous	étiez	aimé(e)(s)	vous	aviez	été	aimé(e)(s)	vous	ayez	été	aimé(e)(s)
ils	étaient	aimés	ils	avaient	été	aimés	ils	aient	été	aimés
elles	étaient	aimées	elles	avaient	été	aimées	elles	aient	été	aimées
単　純　過　去			**前　過　去**				**半　過　去**		
je	fus	aimé(e)	j'	eus	été	aimé(e)	je	fusse	aimé(e)
tu	fus	aimé(e)	tu	eus	été	aimé(e)	tu	fusses	aimé(e)
il	fut	aimé	il	eut	été	aimé	il	fût	aimé
elle	fut	aimée	elle	eut	été	aimée	elle	fût	aimée
nous	fûmes	aimé(e)s	nous	eûmes	été	aimé(e)s	nous	fussions	aimé(e)s
vous	fûtes	aimé(e)(s)	vous	eûtes	été	aimé(e)(s)	vous	fussiez	aimé(e)(s)
ils	furent	aimés	ils	eurent	été	aimés	ils	fussent	aimés
elles	furent	aimées	elles	eurent	été	aimées	elles	fussent	aimées
単　純　未　来			**前　未　来**				**大　過　去**		
je	serai	aimé(e)	j'	aurai	été	aimé(e)	j'	eusse	été	aimé(e)
tu	seras	aimé(e)	tu	auras	été	aimé(e)	tu	eusses	été	aimé(e)
il	sera	aimé	il	aura	été	aimé	il	eût	été	aimé
elle	sera	aimée	elle	aura	été	aimée	elle	eût	été	aimée
nous	serons	aimé(e)s	nous	aurons	été	aimé(e)s	nous	eussions	été	aimé(e)s
vous	serez	aimé(e)(s)	vous	aurez	été	aimé(e)(s)	vous	eussiez	été	aimé(e)(s)
ils	seront	aimés	ils	auront	été	aimés	ils	eussent	été	aimés
elles	seront	aimées	elles	auront	été	aimées	elles	eussent	été	aimées

条　件　法							現在分詞
現　在			**過　去**				étant aimé(e)(s)
je	serais	aimé(e)	j'	aurais	été	aimé(e)	
tu	serais	aimé(e)	tu	aurais	été	aimé(e)	**過去分詞**
il	serait	aimé	il	aurait	été	aimé	été aimé(e)(s)
elle	serait	aimée	elle	aurait	été	aimée	
nous	serions	aimé(e)s	nous	aurions	été	aimé(e)s	**命　令　法**
vous	seriez	aimé(e)(s)	vous	auriez	été	aimé(e)(s)	sois　aimé(e)s
ils	seraient	aimés	ils	auraient	été	aimés	soyons　aimé(e)s
elles	seraient	aimées	elles	auraient	été	aimées	soyez　aimé(e)(s)

6. se lever [代名動詞]

直　　説　　法						接　続　法		

現　在 ／ 複　合　過　去 ／ 現　在

		現　在			複　合　過　去			現　在
je	me	lève	je	me	suis	levé(e)	je	me	lève
tu	te	lèves	tu	t'	es	levé(e)	tu	te	lèves
il	se	lève	il	s'	est	levé	il	se	lève
elle	se	lève	elle	s'	est	levée	elle	se	lève
nous	nous	levons	nous	nous	sommes	levé(e)s	nous	nous	levions
vous	vous	levez	vous	vous	êtes	levé(e)(s)	vous	vous	leviez
ils	se	lèvent	ils	se	sont	levés	ils	se	lèvent
elles	se	lèvent	elles	se	sont	levées	elles	se	lèvent

半　過　去 ／ 大　過　去 ／ 過　去

		半　過　去			大　過　去			過　去
je	me	levais	je	m'	étais	levé(e)	je	me	sois	levé(e)
tu	te	levais	tu	t'	étais	levé(e)	tu	te	sois	levé(e)
il	se	levait	il	s'	était	levé	il	se	soit	levé
elle	se	levait	elle	s'	était	levée	elle	se	soit	levée
nous	nous	levions	nous	nous	étions	levé(e)s	nous	nous	soyons	levé(e)s
vous	vous	leviez	vous	vous	étiez	levé(e)(s)	vous	vous	soyez	levé(e)(s)
ils	se	levaient	ils	s'	étaient	levés	ils	se	soient	levés
elles	se	levaient	elles	s'	étaient	levées	elles	se	soient	levées

単　純　過　去 ／ 前　過　去 ／ 半　過　去

		単　純　過　去			前　過　去			半　過　去
je	me	levai	je	me	fus	levé(e)	je	me	levasse
tu	te	levas	tu	te	fus	levé(e)	tu	te	levasses
il	se	leva	il	se	fut	levé	il	se	levât
elle	se	leva	elle	se	fut	levée	elle	se	levât
nous	nous	levâmes	nous	nous	fûmes	levé(e)s	nous	nous	levassions
vous	vous	levâtes	vous	vous	fûtes	levé(e)(s)	vous	vous	levassiez
ils	se	levèrent	ils	se	furent	levés	ils	se	levassent
elles	se	levèrent	elles	se	furent	levées	elles	se	levassent

単　純　未　来 ／ 前　未　来 ／ 大　過　去

		単　純　未　来			前　未　来			大　過　去
je	me	lèverai	je	me	serai	levé(e)	je	me	fusse	levé(e)
tu	te	lèveras	tu	te	seras	levé(e)	tu	te	fusses	levé(e)
il	se	lèvera	il	se	sera	levé	il	se	fût	levé
elle	se	lèvera	elle	se	sera	levée	elle	se	fût	levée
nous	nous	lèverons	nous	nous	serons	levé(e)s	nous	nous	fussions	levé(e)s
vous	vous	lèverez	vous	vous	serez	levé(e)(s)	vous	vous	fussiez	levé(e)(s)
ils	se	lèveront	ils	se	seront	levés	ils	se	fussent	levés
elles	se	lèveront	elles	se	seront	levées	elles	se	fussent	levées

条　件　法 ／ 現在分詞

		現　在			過　去		現在分詞
je	me	lèverais	je	me	serais	levé(e)	se levant
tu	te	lèverais	tu	te	serais	levé(e)	
il	se	lèverait	il	se	serait	levé	
elle	se	lèverait	elle	se	serait	levée	**命　令　法**
nous	nous	lèverions	nous	nous	serions	levé(e)s	
vous	vous	lèveriez	vous	vous	seriez	levé(e)(s)	lève-toi
ils	se	lèveraient	ils	se	seraient	levés	levons-nous
elles	se	lèveraient	elles	se	seraient	levées	levez-vous

◇ se が間接補語のとき過去分詞は性・数の変化をしない.

不 定 法 現在分詞 過去分詞	直 説 法			
	現　在	半　過　去	単純過去	単純未来
7. aimer *aimant* *aimé*	j'　aime tu　aimes il　aime n.　aimons v.　aimez ils　aiment	j'　aimais tu　aimais il　aimait n.　aimions v.　aimiez ils　aimaient	j'　aimai tu　aimas il　aima n.　aimâmes v.　aimâtes ils　aimèrent	j'　aimerai tu　aimeras il　aimera n.　aimerons v.　aimerez ils　aimeront
8. commencer *commençant* *commencé*	je　commence tu　commences il　commence n.　commençons v.　commencez ils　commencent	je　commençais tu　commençais il　commençait n.　commencions v.　commenciez ils　commençaient	je　commençai tu　commenças il　commença n.　commençâmes v.　commençâtes ils　commencèrent	je　commencerai tu　commenceras il　commencera n.　commencerons v.　commencerez ils　commenceront
9. manger *mangeant* *mangé*	je　mange tu　manges il　mange n.　mangeons v.　mangez ils　mangent	je　mangeais tu　mangeais il　mangeait n.　mangions v.　mangiez ils　mangeaient	je　mangeai tu　mangeas il　mangea n.　mangeâmes v.　mangeâtes ils　mangèrent	je　mangerai tu　mangeras il　mangera n.　mangerons v.　mangerez ils　mangeront
10. acheter *achetant* *acheté*	j'　achète tu　achètes il　achète n.　achetons v.　achetez ils　achètent	j'　achetais tu　achetais il　achetait n.　achetions v.　achetiez ils　achetaient	j'　achetai tu　achetas il　acheta n.　achetâmes v.　achetâtes ils　achetèrent	j'　achèterai tu　achèteras il　achètera n.　achèterons v.　achèterez ils　achèteront
11. appeler *appelant* *appelé*	j'　appelle tu　appelles il　appelle n.　appelons v.　appelez ils　appellent	j'　appelais tu　appelais il　appelait n.　appelions v.　appeliez ils　appelaient	j'　appelai tu　appelas il　appela n.　appelâmes v.　appelâtes ils　appelèrent	j'　appellerai tu　appelleras il　appellera n.　appellerons v.　appellerez ils　appelleront
12. préférer *préférant* *préféré*	je　préfère tu　préfères il　préfère n.　préférons v.　préférez ils　préfèrent	je　préférais tu　préférais il　préférait n.　préférions v.　préfériez ils　préféraient	je　préférai tu　préféras il　préféra n.　préférâmes v.　préférâtes ils　préférèrent	je　préférerai tu　préféreras il　préférera n.　préférerons v.　préférerez ils　préféreront
13. employer *employant* *employé*	j'　emploie tu　emploies il　emploie n.　employons v.　employez ils　emploient	j'　employais tu　employais il　employait n.　employions v.　employiez ils　employaient	j'　employai tu　employas il　employa n.　employâmes v.　employâtes ils　employèrent	j'　emploierai tu　emploieras il　emploiera n.　emploierons v.　emploierez ils　emploieront

条　件　法	接　続　法		命　令　法	同　型
現　　在	現　　在	半　過　去		
j'　aimerais tu　aimerais il　aimerait n.　aimerions v.　aimeriez ils　aimeraient	j'　aime tu　aimes il　aime n.　aimions v.　aimiez ils　aiment	j'　aimasse tu　aimasses il　aimât n.　aimassions v.　aimassiez ils　aimassent	aime aimons aimez	注語尾 -er の動詞 （除：aller, envoyer） を**第一群規則動詞**と もいう．
je　commencerais tu　commencerais il　commencerait n.　commencerions v.　commenceriez ils　commenceraient	je　commence tu　commences il　commence n.　commencions v.　commenciez ils　commencent	je　commençasse tu　commençasses il　commençât n.　commençassions v.　commençassiez ils　commençassent	commence commençons commencez	**avancer** **effacer** **forcer** **lancer** **placer** **prononcer** **remplacer** **renoncer**
je　mangerais tu　mangerais il　mangerait n.　mangerions v.　mangeriez ils　mangeraient	je　mange tu　manges il　mange n.　mangions v.　mangiez ils　mangent	je　mangeasse tu　mangeasses il　mangeât n.　mangeassions v.　mangeassiez ils　mangeassent	mange mangeons mangez	**arranger** **changer** **charger** **déranger** **engager** **manger** **obliger** **voyager**
j'　achèterais tu　achèterais il　achèterait n.　achèterions v.　achèteriez ils　achèteraient	j'　achète tu　achètes il　achète n.　achetions v.　achetiez ils　achètent	j'　achetasse tu　achetasses il　achetât n.　achetassions v.　achetassiez ils　achetassent	achète achetons achetez	**achever** **amener** **enlever** **lever** **mener** **peser** **(se) promener**
j'　appellerais tu　appellerais il　appellerait n.　appellerions v.　appelleriez ils　appelleraient	j'　appelle tu　appelles il　appelle n.　appelions v.　appeliez ils　appellent	j'　appelasse tu　appelasses il　appelât n.　appelassions v.　appelassiez ils　appelassent	appelle appelons appelez	**jeter** **rappeler** **rejeter** **renouveler**
je　préférerais tu　préférerais il　préférerait n.　préférerions v.　préféreriez ils　préféreraient	je　préfère tu　préfères il　préfère n.　préférions v.　préfériez ils　préfèrent	je　préférasse tu　préférasses il　préférât n.　préférassions v.　préférassiez ils　préférassent	préfère préférons préférez	**considérer** **désespérer** **espérer** **inquiéter** **pénétrer** **posséder** **répéter** **sécher**
j'　emploierais tu　emploierais il　emploierait n.　emploierions v.　emploieriez ils　emploieraient	j'　emploie tu　emploies il　emploie n.　employions v.　employiez ils　emploient	j'　employasse tu　employasses il　employât n.　employassions v.　employassiez ils　employassent	emploie employons employez	**-oyer**（除：envoyer） **-uyer** **appuyer** **ennuyer** **essuyer** **nettoyer**

不 定 法 現在分詞 過去分詞	直　説　法			
	現　在	半　過　去	単純過去	単純未来
14. payer *payant* *payé*	je　paye (paie) tu　payes (paies) il　paye (paie) n.　payons v.　payez ils　payent (paient)	je　payais tu　payais il　payait n.　payions v.　payiez ils　payaient	je　payai tu　payas il　paya n.　payâmes v.　payâtes ils　payèrent	je　payerai (paierai) tu　payeras (*etc....*) il　payera n.　payerons v.　payerez ils　payeront
15. envoyer *envoyant* *envoyé*	j'　envoie tu　envoies il　envoie n.　envoyons v.　envoyez ils　envoient	j'　envoyais tu　envoyais il　envoyait n.　envoyions v.　envoyiez ils　envoyaient	j'　envoyai tu　envoyas il　envoya n.　envoyâmes v.　envoyâtes ils　envoyèrent	j'　**enverrai** tu　**enverras** il　**enverra** n.　**enverrons** v.　**enverrez** ils　**enverront**
16. aller *allant* *allé*	je　**vais** tu　**vas** il　**va** n.　allons v.　allez ils　**vont**	j'　allais tu　allais il　allait n.　allions v.　alliez ils　allaient	j'　allai tu　allas il　alla n.　allâmes v.　allâtes ils　allèrent	j'　**irai** tu　**iras** il　**ira** n.　**irons** v.　**irez** ils　**iront**
17. finir *finissant* *fini*	je　finis tu　finis il　finit n.　finissons v.　finissez ils　finissent	je　finissais tu　finissais il　finissait n.　finissions v.　finissiez ils　finissaient	je　finis tu　finis il　finit n.　finîmes v.　finîtes ils　finirent	je　finirai tu　finiras il　finira n.　finirons v.　finirez ils　finiront
18. partir *partant* *parti*	je　pars tu　pars il　part n.　partons v.　partez ils　partent	je　partais tu　partais il　partait n.　partions v.　partiez ils　partaient	je　partis tu　partis il　partit n.　partîmes v.　partîtes ils　partirent	je　partirai tu　partiras il　partira n.　partirons v.　partirez ils　partiront
19. sentir *sentant* *senti*	je　sens tu　sens il　sent n.　sentons v.　sentez ils　sentent	je　sentais tu　sentais il　sentait n.　sentions v.　sentiez ils　sentaient	je　sentis tu　sentis il　sentit n.　sentîmes v.　sentîtes ils　sentirent	je　sentirai tu　sentiras il　sentira n.　sentirons v.　sentirez ils　sentiront
20. tenir *tenant* *tenu*	je　tiens tu　tiens il　tient n.　tenons v.　tenez ils　tiennent	je　tenais tu　tenais il　tenait n.　tenions v.　teniez ils　tenaient	je　tins tu　tins il　tint n.　tînmes v.　tîntes ils　tinrent	je　**tiendrai** tu　**tiendras** il　**tiendra** n.　**tiendrons** v.　**tiendrez** ils　**tiendront**

条 件 法	接 続 法		命 令 法	同 型
現　在	現　在	半 過 去		
je payerais (paierais) tu payerais (etc. . . .) il payerait n. payerions v. payeriez ils payeraient	je paye (paie) tu payes (paies) il paye (paie) n. payions v. payiez ils payent (paient)	je payasse tu payasses il payât n. payassions v. payassiez ils payassent	paie (paye) payons payez	[発音] je paye [ʒəpɛj], je paie [ʒəpɛ]; je payerai [ʒəpɛjre], je paierai [ʒəpɛre].
j' enverrais tu enverrais il enverrait n. enverrions v. enverriez ils enverraient	j' envoie tu envoies il envoie n. envoyions v. envoyiez ils envoient	j' envoyasse tu envoyasses il envoyât n. envoyassions v. envoyassiez ils envoyassent	envoie envoyons envoyez	注 未来, 条・現を除い ては, 13 と同じ. **renvoyer**
j' irais tu irais il irait n. irions v. iriez ils iraient	j' **aille** tu **ailles** il **aille** n. allions v. alliez ils **aillent**	j' allasse tu allasses il allât n. allassions v. allassiez ils allassent	**va** allons allez	注 yがつくとき命令法・ 現在は vas: vas-y. 直・ 現・3 人称複数に ont の 語尾をもつものは他に ont (avoir), sont (être), font (faire) のみ.
je finirais tu finirais il finirait n. finirions v. finiriez ils finiraient	je finisse tu finisses il finisse n. finissions v. finissiez ils finissent	je finisse tu finisses il finît n. finissions v. finissiez ils finissent	finis finissons finissez	注 finir 型の動詞を第 2 群規則動詞という.
je partirais tu partirais il partirait n. partirions v. partiriez ils partiraient	je parte tu partes il parte n. partions v. partiez ils partent	je partisse tu partisses il partît n. partissions v. partissiez ils partissent	pars partons partez	注 助動詞は être. **sortir**
je sentirais tu sentirais il sentirait n. sentirions v. sentiriez ils sentiraient	je sente tu sentes il sente n. sentions v. sentiez ils sentent	je sentisse tu sentisses il sentît n. sentissions v. sentissiez ils sentissent	sens sentons sentez	注 18 と助動詞を除 けば同型.
je tiendrais tu tiendrais il tiendrait n. tiendrions v. tiendriez ils tiendraient	je tienne tu tiennes il tienne n. tenions v. teniez ils tiennent	je tinsse tu tinsses il tînt n. tinssions v. tinssiez ils tinssent	tiens tenons tenez	注 **venir** 21 と同型, ただし, 助動詞は avoir.

不 定 法 現在分詞 過去分詞	直　説　法			
	現　在	半　過　去	単純過去	単純未来
21. venir *venant* *venu*	je viens tu viens il vient n. venons v. venez ils viennent	je venais tu venais il venait n. venions v. veniez ils venaient	je vins tu vins il vint n. vînmes v. vîntes ils vinrent	je **viendrai** tu **viendras** il **viendra** n. **viendrons** v. **viendrez** ils **viendront**
22. accueillir *accueillant* *accueilli*	j' **accueille** tu **accueilles** il **accueille** n. accueillons v. accueillez ils accueillent	j' accueillais tu accueillais il accueillait n. accueillions v. accueilliez ils accueillaient	j' accueillis tu accueillis il accueillit n. accueillîmes v. accueillîtes ils accueillirent	j' **accueillerai** tu **accueilleras** il **accueillera** n. **accueillerons** v. **accueillerez** ils **accueilleront**
23. ouvrir *ouvrant* *ouvert*	j' **ouvre** tu **ouvres** il **ouvre** n. ouvrons v. ouvrez ils ouvrent	j' ouvrais tu ouvrais il ouvrait n. ouvrions v. ouvriez ils ouvraient	j' ouvris tu ouvris il ouvrit n. ouvrîmes v. ouvrîtes ils ouvrirent	j' ouvrirai tu ouvriras il ouvrira n. ouvrirons v. ouvrirez ils ouvriront
24. courir *courant* *couru*	je cours tu cours il court n. courons v. courez ils courent	je courais tu courais il courait n. courions v. couriez ils couraient	je courus tu courus il courut n. courûmes v. courûtes ils coururent	je **courrai** tu **courras** il **courra** n. **courrons** v. **courrez** ils **courront**
25. mourir *mourant* *mort*	je meurs tu meurs il meurt n. mourons v. mourez ils meurent	je mourais tu mourais il mourait n. mourions v. mouriez ils mouraient	je mourus tu mourus il mourut n. mourûmes v. mourûtes ils moururent	je **mourrai** tu **mourras** il **mourra** n. **mourrons** v. **mourrez** ils **mourront**
26. acquérir *acquérant* *acquis*	j' acquiers tu acquiers il acquiert n. acquérons v. acquérez ils acquièrent	j' acquérais tu acquérais il acquérait n. acquérions v. acquériez ils acquéraient	j' acquis tu acquis il acquit n. acquîmes v. acquîtes ils acquirent	j' **acquerrai** tu **acquerras** il **acquerra** n. **acquerrons** v. **acquerrez** ils **acquerront**
27. fuir *fuyant* *fui*	je fuis tu fuis il fuit n. fuyons v. fuyez ils fuient	je fuyais tu fuyais il fuyait n. fuyions v. fuyiez ils fuyaient	je fuis tu fuis il fuit n. fuîmes v. fuîtes ils fuirent	je fuirai tu fuiras il fuira n. fuirons v. fuirez ils fuiront

条 件 法	接 続 法		命 令 法	同 型
現　　在	現　　在	半 過 去		
je viendrais tu viendrais il viendrait n. viendrions v. viendriez ils viendraient	je vienne tu viennes il vienne n. venions v. veniez ils viennent	je vinsse tu vinsses il vînt n. vinssions v. vinssiez ils vinssent	viens venons venez	注 助動詞は être. **devenir** **intervenir** **prévenir** **revenir** **(se) souvenir**
j' accueillerais tu accueillerais il accueillerait n. accueillerions v. accueilleriez ils accueilleraient	j' accueille tu accueilles il accueille n. accueillions v. accueilliez ils accueillent	j' accueillisse tu accueillisses il accueillît n. accueillissions v. accueillissiez ils accueillissent	**accueille** accueillons accueillez	**cueillir**
j' ouvrirais tu ouvrirais il ouvrirait n. ouvririons v. ouvririez ils ouvriraient	j' ouvre tu ouvres il ouvre n. ouvrions v. ouvriez ils ouvrent	j' ouvrisse tu ouvrisses il ouvrît n. ouvrissions v. ouvrissiez ils ouvrissent	**ouvre** ouvrons ouvrez	**couvrir** **découvrir** **offrir** **souffrir**
je courrais tu courrais il courrait n. courrions v. courriez ils courraient	je coure tu coures il coure n. courions v. couriez ils courent	je courusse tu courusses il courût n. courussions v. courussiez ils courussent	cours courons courez	**accourir**
je mourrais tu mourrais il mourrait n. mourrions v. mourriez ils mourraient	je meure tu meures il meure n. mourions v. mouriez ils meurent	je mourusse tu mourusses il mourût n. mourussions v. mourussiez ils mourussent	meurs mourons mourez	注 助動詞は être.
j' acquerrais tu acquerrais il acquerrait n. acquerrions v. acquerriez ils acquerraient	j' acquière tu acquières il acquière n. acquérions v. acquériez ils acquièrent	j' acquisse tu acquisses il acquît n. acquissions v. acquissiez ils acquissent	acquiers acquérons acquérez	**conquérir**
je fuirais tu fuirais il fuirait n. fuirions v. fuiriez ils fuiraient	je fuie tu fuies il fuie n. fuyions v. fuyiez ils fuient	je fuisse tu fuisses il fuît n. fuissions v. fuissiez ils fuissent	fuis fuyons fuyez	**s'enfuir**

不 定 法 現在分詞 過去分詞	直 説 法			
	現 在	半 過 去	単純過去	単純未来
28. rendre *rendant* *rendu*	je rends tu rends il **rend** n. rendons v. rendez ils rendent	je rendais tu rendais il rendait n. rendions v. rendiez ils rendaient	je rendis tu rendis il rendit n. rendîmes v. rendîtes ils rendirent	je rendrai tu rendras il rendra n. rendrons v. rendrez ils rendront
29. prendre *prenant* *pris*	je prends tu prends il **prend** n. prenons v. prenez ils prennent	je prenais tu prenais il prenait n. prenions v. preniez ils prenaient	je pris tu pris il prit n. prîmes v. prîtes ils prirent	je prendrai tu prendras il prendra n. prendrons v. prendrez ils prendront
30. craindre *craignant* *craint*	je crains tu crains il craint n. craignons v. craignez ils craignent	je craignais tu craignais il craignait n. craignions v. craigniez ils craignaient	je craignis tu craignis il craignit n. craignîmes v. craignîtes ils craignirent	je craindrai tu craindras il craindra n. craindrons v. craindrez ils craindront
31. faire *faisant* *fait*	je fais tu fais il fait n. faisons v. **faites** ils **font**	je faisais tu faisais il faisait n. faisions v. faisiez ils faisaient	je fis tu fis il fit n. fîmes v. fîtes ils firent	je **ferai** tu **feras** il **fera** n. **ferons** v. **ferez** ils **feront**
32. dire *disant* *dit*	je dis tu dis il dit n. disons v. **dites** ils disent	je disais tu disais il disait n. disions v. disiez ils disaient	je dis tu dis il dit n. dîmes v. dîtes ils dirent	je dirai tu diras il dira n. dirons v. direz ils diront
33. lire *lisant* *lu*	je lis tu lis il lit n. lisons v. lisez ils lisent	je lisais tu lisais il lisait n. lisions v. lisiez ils lisaient	je lus tu lus il lut n. lûmes v. lûtes ils lurent	je lirai tu liras il lira n. lirons v. lirez ils liront
34. suffire *suffisant* *suffi*	je suffis tu suffis il suffit n. suffisons v. suffisez ils suffisent	je suffisais tu suffisais il suffisait n. suffisions v. suffisiez ils suffisaient	je suffis tu suffis il suffit n. suffîmes v. suffîtes ils suffirent	je suffirai tu suffiras il suffira n. suffirons v. suffirez ils suffiront

14

条件法	接続法		命令法	同型
現　在	現　在	半　過　去		
je rendrais tu rendrais il rendrait n. rendrions v. rendriez ils rendraient	je rende tu rendes il rende n. rendions v. rendiez ils rendent	je rendisse tu rendisses il rendît n. rendissions v. rendissiez ils rendissent	 rends rendons rendez	**attendre** **descendre** **entendre** **pendre** **perdre** **répandre** **répondre** **vendre**
je prendrais tu prendrais il prendrait n. prendrions v. prendriez ils prendraient	je prenne tu prennes il prenne n. prenions v. preniez ils prennent	je prisse tu prisses il prît n. prissions v. prissiez ils prissent	 prends prenons prenez	**apprendre** **comprendre** **entreprendre** **reprendre** **surprendre**
je craindrais tu craindrais il craindrait n. craindrions v. craindriez ils craindraient	je craigne tu craignes il craigne n. craignions v. craigniez ils craignent	je craignisse tu craignisses il craignît n. craignissions v. craignissiez ils craignissent	 crains craignons craignez	**atteindre** **éteindre** **joindre** **peindre** **plaindre**
je ferais tu ferais il ferait n. ferions v. feriez ils feraient	je **fasse** tu **fasses** il **fasse** n. **fassions** v. **fassiez** ils **fassent**	je fisse tu fisses il fît n. fissions v. fissiez ils fissent	 fais faisons **faites**	**défaire** **refaire** **satisfaire** 囲fais-[f(ə)z-]
je dirais tu dirais il dirait n. dirions v. diriez ils diraient	je dise tu dises il dise n. disions v. disiez ils disent	je disse tu disses il dît n. dissions v. dissiez ils dissent	 dis disons **dites**	**redire**
je lirais tu lirais il lirait n. lirions v. liriez ils liraient	je lise tu lises il lise n. lisions v. lisiez ils lisent	je lusse tu lusses il lût n. lussions v. lussiez ils lussent	 lis lisons lisez	**relire** **élire**
je suffirais tu suffirais il suffirait n. suffirions v. suffiriez ils suffiraient	je suffise tu suffises il suffise n. suffisions v. suffisiez ils suffisent	je suffisse tu suffisses il suffît n. suffissions v. suffissiez ils suffissent	 suffis suffisons suffisez	

15

不定法 現在分詞 過去分詞	直　説　法			
	現　在	半　過　去	単純過去	単純未来
35. conduire *conduisant* *conduit*	je conduis tu conduis il conduit n. conduisons v. conduisez ils conduisent	je conduisais tu conduisais il conduisait n. conduisions v. conduisiez ils conduisaient	je conduisis tu conduisis il conduisit n. conduisîmes v. conduisîtes ils conduisirent	je conduirai tu conduiras il conduira n. conduirons v. conduirez ils conduiront
36. plaire *plaisant* *plu*	je plais tu plais il **plaît** n. plaisons v. plaisez ils plaisent	je plaisais tu plaisais il plaisait n. plaisions v. plaisiez ils plaisaient	je plus tu plus il plut n. plûmes v. plûtes ils plurent	je plairai tu plairas il plaira n. plairons v. plairez ils plairont
37. coudre *cousant* *cousu*	je couds tu couds il coud n. cousons v. cousez ils cousent	je cousais tu cousais il cousait n. cousions v. cousiez ils cousaient	je cousis tu cousis il cousit n. cousîmes v. cousîtes ils cousirent	je coudrai tu coudras il coudra n. coudrons v. coudrez ils coudront
38. suivre *suivant* *suivi*	je suis tu suis il suit n. suivons v. suivez ils suivent	je suivais tu suivais il suivait n. suivions v. suiviez ils suivaient	je suivis tu suivis il suivit n. suivîmes v. suivîtes ils suivirent	je suivrai tu suivras il suivra n. suivrons v. suivrez ils suivront
39. vivre *vivant* *vécu*	je vis tu vis il vit n. vivons v. vivez ils vivent	je vivais tu vivais il vivait n. vivions v. viviez ils vivaient	je vécus tu vécus il vécut n. vécûmes v. vécûtes ils vécurent	je vivrai tu vivras il vivra n. vivrons v. vivrez ils vivront
40. écrire *écrivant* *écrit*	j' écris tu écris il écrit n. écrivons v. écrivez ils écrivent	j' écrivais tu écrivais il écrivait n. écrivions v. écriviez ils écrivaient	j' écrivis tu écrivis il écrivit n. écrivîmes v. écrivîtes ils écrivirent	j' écrirai tu écriras il écrira n. écrirons v. écrirez ils écriront
41. boire *buvant* *bu*	je bois tu bois il boit n. buvons v. buvez ils boivent	je buvais tu buvais il buvait n. buvions v. buviez ils buvaient	je bus tu bus il but n. bûmes v. bûtes ils burent	je boirai tu boiras il boira n. boirons v. boirez ils boiront

16

条 件 法		接 続 法			命 令 法	同 型
現　在		現　在		半 過 去		
je conduirais		je conduise		je conduisisse		**construire**
tu conduirais		tu conduises		tu conduisisses	conduis	**cuire**
il conduirait		il conduise		il conduisît		**détruire**
n. conduirions		n. conduisions		n. conduisissions	conduisons	**instruire**
v. conduiriez		v. conduisiez		v. conduisissiez	conduisez	**introduire**
ils conduiraient		ils conduisent		ils conduisissent		**produire**
						traduire
je plairais		je plaise		je plusse		**déplaire**
tu plairais		tu plaises		tu plusses	plais	**(se) taire**
il plairait		il plaise		il plût		（ただし il se tait）
n. plairions		n. plaisions		n. plussions	plaisons	
v. plairiez		v. plaisiez		v. plussiez	plaisez	
ils plairaient		ils plaisent		ils plussent		
je coudrais		je couse		je cousisse		
tu coudrais		tu couses		tu cousisses	couds	
il coudrait		il couse		il cousît		
n. coudrions		n. cousions		n. cousissions	cousons	
v. coudriez		v. cousiez		v. cousissiez	cousez	
ils coudraient		ils cousent		ils cousissent		
je suivrais		je suive		je suivisse		**poursuivre**
tu suivrais		tu suives		tu suivisses	suis	
il suivrait		il suive		il suivît		
n. suivrions		n. suivions		n. suivissions	suivons	
v. suivriez		v. suiviez		v. suivissiez	suivez	
ils suivraient		ils suivent		ils suivissent		
je vivrais		je vive		je vécusse		
tu vivrais		tu vives		tu vécusses	vis	
il vivrait		il vive		il vécût		
n. vivrions		n. vivions		n. vécussions	vivons	
v. vivriez		v. viviez		v. vécussiez	vivez	
ils vivraient		ils vivent		ils vécussent		
j' écrirais		j' écrive		j' écrivisse		**décrire**
tu écrirais		tu écrives		tu écrivisses	écris	**inscrire**
il écrirait		il écrive		il écrivît		
n. écririons		n. écrivions		n. écrivissions	écrivons	
v. écririez		v. écriviez		v. écrivissiez	écrivez	
ils écriraient		ils écrivent		ils écrivissent		
je boirais		je boive		je busse		
tu boirais		tu boives		tu busses	bois	
il boirait		il boive		il bût		
n. boirions		n. buvions		n. bussions	buvons	
v. boiriez		v. buviez		v. bussiez	buvez	
ils boiraient		ils boivent		ils bussent		

17

不 定 法 現在分詞 過去分詞	直 説 法			
	現　在	半 過 去	単純過去	単純未来
42. résoudre *résolvant* *résolu*	je résous tu résous il résout n. résolvons v. résolvez ils résolvent	je résolvais tu résolvais il résolvait n. résolvions v. résolviez ils résolvaient	je résolus tu résolus il résolut n. résolûmes v. résolûtes ils résolurent	je résoudrai tu résoudras il résoudra n. résoudrons v. résoudrez ils résoudront
43. connaître *connaissant* *connu*	je connais tu connais il **connaît** n. connaissons v. connaissez ils connaissent	je connaissais tu connaissais il connaissait n. connaissions v. connaissiez ils connaissaient	je connus tu connus il connut n. connûmes v. connûtes ils connurent	je connaîtrai tu connaîtras il connaîtra n. connaîtrons v. connaîtrez ils connaîtront
44. naître *naissant* *né*	je nais tu nais il **naît** n. naissons v. naissez ils naissent	je naissais tu naissais il naissait n. naissions v. naissiez ils naissaient	je naquis tu naquis il naquit n. naquîmes v. naquîtes ils naquirent	je naîtrai tu naîtras il naîtra n. naîtrons v. naîtrez ils naîtront
45. croire *croyant* *cru*	je crois tu crois il croit n. croyons v. croyez ils croient	je croyais tu croyais il croyait n. croyions v. croyiez ils croyaient	je crus tu crus il crut n. crûmes v. crûtes ils crurent	je croirai tu croiras il croira n. croirons v. croirez ils croiront
46. battre *battant* *battu*	je bats tu bats il **bat** n. battons v. battez ils battent	je battais tu battais il battait n. battions v. battiez ils battaient	je battis tu battis il battit n. battîmes v. battîtes ils battirent	je battrai tu battras il battra n. battrons v. battrez ils battront
47. mettre *mettant* *mis*	je mets tu mets il **met** n. mettons v. mettez ils mettent	je mettais tu mettais il mettait n. mettions v. mettiez ils mettaient	je mis tu mis il mit n. mîmes v. mîtes ils mirent	je mettrai tu mettras il mettra n. mettrons v. mettrez ils mettront
48. rire *riant* *ri*	je ris tu ris il rit n. rions v. riez ils rient	je riais tu riais il riait n. riions v. riiez ils riaient	je ris tu ris il rit n. rîmes v. rîtes ils rirent	je rirai tu riras il rira n. rirons v. rirez ils riront

条件法	接続法		命令法	同型
現在	現在	半過去		
je résoudrais tu résoudrais il résoudrait n. résoudrions v. résoudriez ils résoudraient	je résolve tu résolves il résolve n. résolvions v. résolviez ils résolvent	je résolusse tu résolusses il résolût n. résolussions v. résolussiez ils résolussent	résous résolvons résolvez	
je connaîtrais tu connaîtrais il connaîtrait n. connaîtrions v. connaîtriez ils connaîtraient	je connaisse tu connaisses il connaisse n. connaissions v. connaissiez ils connaissent	je connusse tu connusses il connût n. connussions v. connussiez ils connussent	connais connaissons connaissez	注 t の前にくるとき i→î. **apparaître** **disparaître** **paraître** **reconnaître**
je naîtrais tu naîtrais il naîtrait n. naîtrions v. naîtriez ils naîtraient	je naisse tu naisses il naisse n. naissions v. naissiez ils naissent	je naquisse tu naquisses il naquît n. naquissions v. naquissiez ils naquissent	nais naissons naissez	注 t の前にくるとき i→î. 助動詞はêtre.
je croirais tu croirais il croirait n. croirions v. croiriez ils croiraient	je croie tu croies il croie n. croyions v. croyiez ils croient	je crusse tu crusses il crût n. crussions v. crussiez ils crussent	crois croyons croyez	
je battrais tu battrais il battrait n. battrions v. battriez ils battraient	je batte tu battes il batte n. battions v. battiez ils battent	je battisse tu battisses il battît n. battissions v. battissiez ils battissent	bats battons battez	**abattre** **combattre**
je mettrais tu mettrais il mettrait n. mettrions v. mettriez ils mettraient	je mette tu mettes il mette n. mettions v. mettiez ils mettent	je misse tu misses il mît n. missions v. missiez ils missent	mets mettons mettez	**admettre** **commettre** **permettre** **promettre** **remettre**
je rirais tu rirais il rirait n. ririons v. ririez ils riraient	je rie tu ries il rie n. riions v. riiez ils rient	je risse tu risses il rît n. rissions v. rissiez ils rissent	ris rions riez	**sourire**

不 定 法 現在分詞 過去分詞	直 説 法			
	現　在	半 過 去	単純過去	単純未来
49. conclure *concluant* *conclu*	je　conclus tu　conclus il　conclut n.　concluons v.　concluez ils　concluent	je　concluais tu　concluais il　concluait n.　concluions v.　concluiez ils　concluaient	je　conclus tu　conclus il　conclut n.　conclûmes v.　conclûtes ils　conclurent	je　conclurai tu　concluras il　conclura n.　conclurons v.　conclurez ils　concluront
50. rompre *rompant* *rompu*	je　romps tu　romps il　rompt n.　rompons v.　rompez ils　rompent	je　rompais tu　rompais il　rompait n.　rompions v.　rompiez ils　rompaient	je　rompis tu　rompis il　rompit n.　rompîmes v.　rompîtes ils　rompirent	je　romprai tu　rompras il　rompra n.　romprons v.　romprez ils　rompront
51. vaincre *vainquant* *vaincu*	je　vaincs tu　vaincs il　**vainc** n.　vainquons v.　vainquez ils　vainquent	je　vainquais tu　vainquais il　vainquait n.　vainquions v.　vainquiez ils　vainquaient	je　vainquis tu　vainquis il　vainquit n.　vainquîmes v.　vainquîtes ils　vainquirent	je　vaincrai tu　vaincras il　vaincra n.　vaincrons v.　vaincrez ils　vaincront
52. recevoir *recevant* *reçu*	je　reçois tu　reçois il　reçoit n.　recevons v.　recevez ils　reçoivent	je　recevais tu　recevais il　recevait n.　recevions v.　receviez ils　recevaient	je　reçus tu　reçus il　reçut n.　reçûmes v.　reçûtes ils　reçurent	je　**recevrai** tu　**recevras** il　**recevra** n.　**recevrons** v.　**recevrez** ils　**recevront**
53. devoir *devant* *dû* (due, dus, dues)	je　dois tu　dois il　doit n.　devons v.　devez ils　doivent	je　devais tu　devais il　devait n.　devions v.　deviez ils　devaient	je　dus tu　dus il　dut n.　dûmes v.　dûtes ils　durent	je　**devrai** tu　**devras** il　**devra** n.　**devrons** v.　**devrez** ils　**devront**
54. pouvoir *pouvant* *pu*	je　**peux (puis)** tu　**peux** il　peut n.　pouvons v.　pouvez ils　peuvent	je　pouvais tu　pouvais il　pouvait n.　pouvions v.　pouviez ils　pouvaient	je　pus tu　pus il　put n.　pûmes v.　pûtes ils　purent	je　**pourrai** tu　**pourras** il　**pourra** n.　**pourrons** v.　**pourrez** ils　**pourront**
55. émouvoir *émouvant* *ému*	j'　émeus tu　émeus il　émeut n.　émouvons v.　émouvez ils　émeuvent	j'　émouvais tu　émouvais il　émouvait n.　émouvions v.　émouviez ils　émouvaient	j'　émus tu　émus il　émut n.　émûmes v.　émûtes ils　émurent	j'　**émouvrai** tu　**émouvras** il　**émouvra** n.　**émouvrons** v.　**émouvrez** ils　**émouvront**

条 件 法	接 続 法		命 令 法	同 型
現　　在	現　　在	半　過　去		
je conclurais tu conclurais il conclurait n. conclurions v. concluriez ils concluraient	je conclue tu conclues il conclue n. concluions v. concluiez ils concluent	je conclusse tu conclusses il conclût n. conclussions v. conclussiez ils conclussent	conclus concluons concluez	
je romprais tu romprais il romprait n. romprions v. rompriez ils rompraient	je rompe tu rompes il rompe n. rompions v. rompiez ils rompent	je rompisse tu rompisses il rompît n. rompissions v. rompissiez ils rompissent	romps rompons rompez	**interrompre**
je vaincrais tu vaincrais il vaincrait n. vaincrions v. vaincriez ils vaincraient	je vainque tu vainques il vainque n. vainquions v. vainquiez ils vainquent	je vainquisse tu vainquisses il vainquît n. vainquissions v. vainquissiez ils vainquissent	vaincs vainquons vainquez	**convaincre**
je recevrais tu recevrais il recevrait n. recevrions v. recevriez ils recevraient	je reçoive tu reçoives il reçoive n. recevions v. receviez ils reçoivent	je reçusse tu reçusses il reçût n. reçussions v. reçussiez ils reçussent	reçois recevons recevez	**apercevoir** **concevoir**
je devrais tu devrais il devrait n. devrions v. devriez ils devraient	je doive tu doives il doive n. devions v. deviez ils doivent	je dusse tu dusses il dût n. dussions v. dussiez ils dussent	 dois devons devez	注命令法はほとんど 用いられない.
je pourrais tu pourrais il pourrait n. pourrions v. pourriez ils pourraient	je **puisse** tu **puisses** il **puisse** n. **puissions** v. **puissiez** ils **puissent**	je pusse tu pusses il pût n. pussions v. pussiez ils pussent		注命令法はない.
j' émouvrais tu émouvrais il émouvrait n. émouvrions v. émouvriez ils émouvraient	j' émeuve tu émeuves il émeuve n. émouvions v. émouviez ils émeuvent	j' émusse tu émusses il émût n. émussions v. émussiez ils émussent	 émeus émouvons émouvez	**mouvoir** ただし過去分詞は mû (mue, mus, mues)

不 定 法 現在分詞 過去分詞	直　説　法			
	現　　在	半　過　去	単純過去	単純未来
56. savoir *sachant* *su*	je sais tu sais il sait n. savons v. savez ils savent	je savais tu savais il savait n. savions v. saviez ils savaient	je sus tu sus il sut n. sûmes v. sûtes ils surent	je **saurai** tu **sauras** il **saura** n. **saurons** v. **saurez** ils **sauront**
57. voir *voyant* *vu*	je vois tu vois il voit n. voyons v. voyez ils voient	je voyais tu voyais il voyait n. voyions v. voyiez ils voyaient	je vis tu vis il vit n. vîmes v. vîtes ils virent	je **verrai** tu **verras** il **verra** n. **verrons** v. **verrez** ils **verront**
58. vouloir *voulant* *voulu*	je **veux** tu **veux** il veut n. voulons v. voulez ils veulent	je voulais tu voulais il voulait n. voulions v. vouliez ils voulaient	je voulus tu voulus il voulut n. voulûmes v. voulûtes ils voulurent	je **voudrai** tu **voudras** il **voudra** n. **voudrons** v. **voudrez** ils **voudront**
59. valoir *valant* *valu*	je **vaux** tu **vaux** il vaut n. valons v. valez ils valent	je valais tu valais il valait n. valions v. valiez ils valaient	je valus tu valus il valut n. valûmes v. valûtes ils valurent	je **vaudrai** tu **vaudras** il **vaudra** n. **vaudrons** v. **vaudrez** ils **vaudront**
60. s'asseoir *s'asseyant*[1] *assis*	je m'assieds[1] tu t'assieds il **s'assied** n. n. asseyons v. v. asseyez ils s'asseyent	je m'asseyais[1] tu t'asseyais il s'asseyait n. n. asseyions v. v. asseyiez ils s'asseyaient	je m'assis tu t'assis il s'assit n. n. assîmes v. v. assîtes ils s'assirent	je m'**assiérai**[1] tu t'**assiéras** il s'**assiéra** n. n. **assiérons** v. v. **assiérez** ils s'**assiéront**
s'assoyant[2]	je m'assois[2] tu t'assois il s'assoit n. n. assoyons v. v. assoyez ils s'assoient	je m'assoyais[2] tu t'assoyais il s'assoyait n. n. assoyions v. v. assoyiez ils s'assoyaient		je m'**assoirai**[2] tu t'**assoiras** il s'**assoira** n. n. **assoirons** v. v. **assoirez** ils s'**assoiront**
61. pleuvoir *pleuvant* *plu*	il pleut	il pleuvait	il plut	il **pleuvra**
62. falloir *fallu*	il faut	il fallait	il fallut	il **faudra**

条件法	接続法		命令法	同型
現　在	現　在	半　過　去		
je saurais tu saurais il saurait n. saurions v. sauriez ils sauraient	je **sache** tu **saches** il **sache** n. **sachions** v. **sachiez** ils **sachent**	je susse tu susses il sût n. sussions v. sussiez ils sussent	**sache** **sachons** **sachez**	
je verrais tu verrais il verrait n. verrions v. verriez ils verraient	je voie tu voies il voie n. voyions v. voyiez ils voient	je visse tu visses il vît n. vissions v. vissiez ils vissent	vois voyons voyez	**revoir**
je voudrais tu voudrais il voudrait n. voudrions v. voudriez ils voudraient	je **veuille** tu **veuilles** il **veuille** n. voulions v. vouliez ils **veuillent**	je voulusse tu voulusses il voulût n. voulussions v. voulussiez ils voulussent	**veuille** **veuillons** **veuillez**	
je vaudrais tu vaudrais il vaudrait n. vaudrions v. vaudriez ils vaudraient	je **vaille** tu **vailles** il **vaille** n. valions v. valiez ils **vaillent**	je valusse tu valusses il valût n. valussions v. valussiez ils valussent		注 命令法はほとんど用いられない.
je m'assiérais[1] tu t'assiérais il s'assiérait n. n. assiérions v. v. assiériez ils s'assiéraient	je m'asseye[1] tu t'asseyes il s'asseye n. n. asseyions v. v. asseyiez ils s'asseyent	j' m'assisse tu t'assisses il s'assît n. n. assissions v. v. assissiez ils s'assissent	assieds-toi[1] asseyons-nous asseyez-vous	注 時称により2種の活用があるが, (1)は古来の活用で, (2)は俗語調である. (1)の方が多く使われる.
je m'assoirais[2] tu t'assoirais il s'assoirait n. n. assoirions v. v. assoiriez ils s'assoiraient	je m'assoie[2] tu t'assoies il s'assoie n. n. assoyions v. v. assoyiez ils s'assoient		assois-toi[2] assoyons-nous assoyez-vous	
il pleuvrait	il pleuve	il plût		注 命令法はない.
il faudrait	il **faille**	il fallût		注 命令法・現在分詞はない.

フランス語圏の国や地域

国や地域の名称	日本語名	形容詞形	人口 (2015年)	フランス語を公用語とする国・地域	他の主な言語	フランス語話者の割合(%)
AFRIQUE	アフリカ					
Afrique subsaharienne	サハラ以南アフリカ					
le Bénin	ベナン	béninois(e)	10 880 000	○	フォン語, ヨルバ語, ソンバ語, フラニ語, バリバ語	35
le Burkina Faso	ブルキナファソ	burkinabé(e)	17 915 000	○	モオレ語, ジュラ語, フルフルデ語	22
le Burundi	ブルンジ	burundais(e)	10 813 000	○	ルンディ語, スワヒリ語	8
le Cameroun	カメルーン	camerounais(e)	23 393 000	○	英語, エウォンド語, ブル語, ファン語, フラニ語, デュアラ語, バサ語, バミレケ諸語	40
le Cap vert	カーボベルデ	cap-verdien(ne)	508 000		ポルトガル語, クレオール語, マンディング語	11
la Centrafrique	中央アフリカ	centrafricain(e)	4 803 000	○	サンゴ語, バンダ語, グバヤ語	29
le Congo (République du Congo)	コンゴ共和国	congolais(e)	4 671 000	○	コンゴ語, リンガラ語, ムヌクツバ語, ンベレ語	58
le Congo (République démocratique du Congo)	コンゴ民主共和国	congolais(e)	71 246 000	○	リンガラ語, スワヒリ語, チルバ語, コンゴ語	47
la Côte d'Ivoire	コートジボアール	ivoirien(ne)	21 295 000	○	アカン語, デュラ語, モレ語, セヌファ語, ベテ語, アグニ語	34
Djibouti	ジブチ	djiboutien(ne)	900 000	○	アラビア語, アファール語, ソマリ語	50
le Gabon	ガボン	gabonais(e)	1 751 000	○	ファン語, ミエネ語, ブヌー語, バンゼビ語, バブルー語, バトゥケ語	61
le Ghana (*2)	ガーナ	ghanéen(ne)	26 984 000		英語, トウィ語, エウェ語, ファンティ語, アブロン語	0,8
la Guinée	ギニア	guinéen(ne)	12 348 000	○	フラニ語, マニンカ語, マリンケ語, スス語, ギージー語	24
la Guinée-Bissau	ギニアビサウ	guinéen(ne)	1 788 000		ポルトガル語, クレオール語, バランテ語, フラクンダ語, マンディング語	15
la Guinée-équatoriale	赤道ギニア	guinéen(ne)	799 000	○	スペイン語, ファン語, ブビ語, 英語, イボ語	29
le Mali	マリ	malien(ne)	16 259 000	○	バンバラ語, ソンガイ語, ソニンケ語, マリンケ語, フラニ語, カソンケ語	17
le Mozambique (*3)	モザンビーク	Mozambicain(e)	27 122 000		ポルトガル語, マクア語, ツォンガ語	0,3
le Niger	ニジェール	nigérien(ne)	19 268 000	○	ザルマ語, ハウサ語, タマシェク語, フルフルデ語, ソンガイ語, トゥアレグ語	13
le Rwanda	ルワンダ	rwandais(e)	12 428 000	○	キニヤルワンダ語, 英語, スワヒリ語, ヒマ語	6
Sao Tomé-et-Principe	サントメ・プリンシペ	santoméen(ne)	203 000		ポルトガル語, クレオール語, ンゴラ語	20
le Sénégal	セネガル	sénégalais(e)	14 967 000	○	ウォロフ語, フラクンダ語, トゥクロール語, マンディンカ語, ジョラ語, カサマナ語	29
le Tchad	チャド	tchadien(ne)	13 606 000	○	アラビア語, サラ語, サンゴ語, フラニ語, マンダン語, ツブ語	13
le Togo	トーゴ	togolais(e)	7 171 000	○	エウェ語, カビエ語, コトコリ語, ミーナ語, ダゴンバ語	39
Maghreb	マグレブ					
l'Algérie (*1) (2008年)	アルジェリア	algérien(ne)	34 080 000		アラビア語, タシュリヒート語, カビール語, シャウィヤ語	33
le Maroc	モロッコ	marocain(e)	33 955 000		アラビア語, タマジグト語, スペイン語,	31
la Mauritanie	モーリタニア	mauritanien(ne)	4 080 000		アラビア語	13
la Tunisie	チュニジア	tunisien(ne)	11 235 000		アラビア語	54
Moyen-Orient	近・中東					
Les Émirats arabes unis (*3)	アラブ首長国連邦	émirien(ne)	9 577 000		アラビア語	1
l'Égypte	エジプト	égyptien(ne)	84 706 000		アラビア語, 英語	3
le Liban	レバノン	libanais(e)	5 054 000		アラビア語, 英語, クルド語, アルメニア語	38
le Qatar (*2)	カタール	qatari(e)	2 351 000		アラビア語	4
Océan Indien	インド洋					
les Comores	コモロ	comorien(ne)	770 000	○	アラビア語, コモロ語, スワヒリ語, キブシュ語	25
Madagascar	マダガスカル	malgache	24 235 000	○	マダガスカル語	20
Maurice	モーリシャス	mauricien(ne)	1 254 000		英語, クレオール語, ヒンディー語, ウルドゥー語, テルグ語, 中国語	73
Mayotte (*4)	マヨット（フランス）	mahorais(e)	186 452	○	シマオレ語, マダガスカル語, コモロ語	
la Réunion (*4)	レユニオン（フランス）	réunionnais(e)	833 500	○	クレオール語, ヒンディー語, 中国語	
les Seychelles	セイシェル	seychellois(e)	94 000	○	英語, クレオール語	53

国や地域の名称	日本語名	形容詞形	人口 (2015年)	フランス語を公用語とする国・地域	他の主な言語	フランス語話者の割合(%)
AMÉRIQUE	アメリカ					
Amérique du Nord	北アメリカ					
le Canada	カナダ	canadien(ne)	36 104 000	○	英語, アメリカ・インディアン諸語	29
le Nouveau-Brunswick	ニューブランズウィック州（カナダ）	néo-brunswickois(e)	769 000	○	英語, アメリカ・インディアン諸語	42
le Québec	ケベック州（カナダ）	québécois(e)	8 214 000	○	英語, アメリカ・インディアン諸語	93
La Louisiane (*1)	ルイジアナ州（アメリカ合衆国）	louisianais(e)	4 684 000		英語	5
Saint-Pierre-et-Miquelon (*4)	サンピエール島・ミクロン島（フランス）	saint-pierrais(e)	6 099	○		
Caraïbes et Guyane	カリブ					
Dominique	ドミニカ国	dominicain(ne)	73 000		英語, クレオール語	10
la Guadeloupe (*4)	グアドループ（フランス）	guadeloupéen(ne)	404 394	○	クレオール語	
la Guyane française (*4)	フランス領ギアナ	guyanais(e)	232 223	○	クレオール語, ギアナ語	
Haïti	ハイチ	haïtien(ne)	10 604 000	○	クレオール語	42
la Martinique (*4)	マルティニーク（フランス）	martiniquais(e)	399 637	○	クレオール語	
la République dominicaine (*3)	ドミニカ共和国	dominicain(ne)	10 652 000		スペイン語, クレオール語	1
Saint-Barthélemy (*4)	サン・バルテルミー（フランス）	saint-barthinois(e)	8 673	○	クレオール語, 英語	
Saint-Martin (*4)	サン・マルタン（フランス）	saint-martinois(e)	36 661	○	クレオール語	
Sainte-Lucie	セントルシア	saint-lucien(ne)	185 000		英語, クレオール語	2
Amérique du Sud	南アメリカ					
l'Uruguay (*3)	ウルグアイ	uruguayen(ne)	3 430 000		英語, アメリカ・インディアン諸語	0.1
ASIE	アジア					
Asie centrale	中央アジア					
l'Arménie	アルメニア	arménien(ne)	2 898 000		アルメニア語	6
la Géorgie (*3)	グルジア	géorgien(ne)	4 305 000		グルジア語	0.4
Extrême-Orient	極東					
le Cambodge	カンボジア	cambodgien(ne)	15 677 000		クメール語	3
le Laos	ラオス人民民主共和国	laotien(ne)	7 020 000		ラーオ語, タイ語, ミャオ語	3
la Thaïlande (*3)	タイ王国	thaïlandais(e)	67 401 000		タイ語, オーストロアジア諸語, オーストロネシア諸語, クメール語	0.8
le Viêtnam	ベトナム	viêtnamien(ne)	93 387 000		ベトナム語, クメール語, チャム語, タイ語	0.7
OCÉANIE	オセアニア					
la Nouvelle-Calédonie (France) (*2) (2009年)	ニューカレドニア（フランス）	néo-calédonien(ne)	245 580	○	メラネシア語, ポリネシア語, ウォリス語, ジャワ語, タヒチ語	
la Polynésie française (*4)	フランス領ポリネシア（フランス）	polynésien(ne)	270 000	○	タヒチ語, マルキーズ語, マンガレバ語, トゥアモトゥ語, 客家語	
Vanuatu	バヌアツ	vanuatais(e)	264 000	○	英語, ビスラマ語, メラネシア語	31
Wallis-et-Futuna (*4)	ウォリス・フツナ（フランス）	wallisien(ne) futunien(ne)	12 835	○	ウォリス語, フツナ語	